「プロ」に外注

売上最大化、
リスク最小化の新常識

Piece to Peace 代表取締役
大澤亮
RYOU OHSAWA

CROSSMEDIA PUBLISHING

はじめに

優秀な人を、いますぐに、低コストで

多くの中堅企業、中小企業、スタートアップ、もしくは大手企業であっても、「優秀な人材が社内に不足している」と悩んでいる事実があります。日本の労働人口は減少の一途をたどり、特に知名度のない企業はますます厳しい環境に置かれています。

一方で、「業務委託契約で働きたい」というニーズを持つ、フリーランスや起業初期といった層が年々増えています。こうした人たちはおしなべて優秀かつ成果へのコミットメントも高く、私は「プロ人材」と呼んでいます。

この可能性に気付いた企業はプロ人材の活用を着々と進めていますが、まだ一部です。全国の企業がプロ人材の活用さえできれば、日本の人材不足という大きな課題は解決できるのではないかと思っています。

本書に書かれているのは、「プロ人材」の活用方法です。

「プロ人材」とは起業家やフリーランスなど、業務委託契約で仕事を請け負う人たちです。ただのフリーランスではありません。その多くは、有名企業でＭＶＰを受賞するなど、輝かしい経歴の人たちです。年収も高く、正社員としてはなかなか採用できないような人も珍しくありません。

私は、キャリーミーというサービスを運営しています。キャリーミーではプロ人材の方々に登録していただき、その人のスキルや希望に合った業務委託での仕事をご紹介し、企業のさまざまな課題を解決しています。

例えば、以下のような非常に優秀なプロ人材が、各領域において活躍しています。

・ＢｔｏＢマーケティングのプロ

ＢｔｏＢのマーケティング事業部長として、部署売上目標達成率を１００％以上、３年間継続達成。人事・採用、ＤＸツール、経費削減コンサル、エンジニア外注などの幅広いＢｔｏＢ商材でリード獲得、ナーチャリングを支援。

・（正社員）採用のプロ

ビズリーチ人事部出身。30名規模のＩＴ企業で、エンジニア採用がまったくできていない状況から年間10名採用、また、１０００名規模の人材業界企業で年間新卒35名・中途50名の採用を成功させた。

・営業資料作成のプロ

競合調査、ビジネス戦略などを整理して「刺さる提案書・営業資料」に落とし込むことができる。ベンチャーキャピタル、ＳａａＳ企業、コンサルティング会社などから依頼を受けている。数日で50ページ納品など、スピードも魅力。

・ＳＮＳ集客のプロ

Instagram からＬＩＮＥのお友達登録を初月で60件獲得。その結果、60万円の講座の申込実績あり。提案力、コミュニケーション能力の高さが特徴的。

・広告運用のプロ

サイバーエージェントでＭＶＰ受賞。単月平均8～16億円分の売上、既存代理店から単月8億円分を奪取した実績を持つ。LP、クリエイティブ制作までワンストップでのサポートが得意。

・ECのプロ

楽天出身。10億円規模のEC会社で、昨年対比売上220%増を達成。OtoO企業のECモールでは、半年で売上を3倍に。広告手法やCVR改善、MD戦略まで支援可能。

このようなプロ人材を活用すると、さまざまなメリットがあります。

・低コストで、それまで採用できなかったような優秀な人材を活用できる
・数カ月かかる社員採用と異なり、短期間で人材を採用できる（最短1週間）
・雇用リスクがない（契約期間が終われば解約できる。必要に合わせて入れ替えできる）
・プロ人材のノウハウを正社員に共有してもらえる。また内製化ができる
・知見のないジャンルであっても、すぐに部署をつくれる
・外部の視点で客観的に事業を見つめ直し、成長に直結させることができる

また、プロ人材の活用には、企業に合わせてさまざまなパターンがあります。

パターン① 専門分野切り出し型
パターン② マネージャーアサイン型
パターン③-1 組み込み型（本業に組み込み）
パターン③-2 組み込み型（補完事業に組み込み）
パターン④ 内製化型
パターン⑤ チーム型・外注型
パターン⑥ 外注コントロール型

本書では、こうした、プロ人材活用のメリットを説明するとともに、活用のノウハウをお伝えしていきます。

また、右記の中で最も多く、全体の4割程度を占める①のタイプにおいては、「業務の分解」と「施策（の組み合わせ、優先順位）」の策定が極めて重要で、かつ課題を抱える企業も多いと言えます。そのため、これらについても第3章で取り上げています。

人材不足の企業と仕事が欲しい個人

日本企業にとって、優秀な人材を（自社の予算内で）正社員で確保することは、極めて困難な時代になっています。一方で、業務委託で働くプロ人材は、優秀であるにもかかわらず、まだまだ稼働できる方々が溢れています。

このギャップは、2つの背景から生まれています。

1つ目は、ここ10年程度で個人の価値観が大きく変わり、優秀な人材が起業やフリーランスを目指す傾向が強くなっているということ。もう1つは、法人の人事制度や雇用に対する価値観が変化に対応し切れていないことから、プロの活用を前提に組織をつくっている企業はまだ一部、ということです。

雇用市場での売り手市場と、業務委託市場での買い手市場というギャップに気付いた企業は、プロ人材をどんどん活用し始めています。急成長しているスタートアップで業務委託のプロ人材を活用することはもはや当たり前となっていますし、需要が高い巨大市場、例えば広告代理店でもプロ人材の活用が普通になりつつあります。
しかし、ほとんどの企業が「幻想」とも言える思い込みを抱えたまま、手をこまねいている状態です。経営者は「いつか自社の年収基準で優秀な人材を採用できるはず」と楽観視し、マネージャーは「人事が何とかしてくれる」と考える。大手企業と比較して、給与水準、知名度、福利厚生等の魅力などで劣るのにもかかわらず、です。

過去を振り返ってみると、思い当たる時代の変化がありました。キャリーミー立ち上げのきっかけと併せてお話しします。

私は三菱商事に入社後、慶應義塾大学大学院の経営管理研究科修士課程に入学しました。その後、起業・売却を経て、経営コンサルタントとして有名な堀紘一氏が設立したドリームインキュベータへ入社し、ベンチャー、スタートアップ、大手企業とさまざまな会社のコンサルティングや投資業務に携わりました。中小企業の経営や革製品にも興味があったので、それからは、上質なレザーアイテムを取り扱う土屋鞄製造所で取締役兼COOを務めました。
土屋鞄製造所では複数のポジションにプロ人材を活用していました。また、ドリームインキュベータのクライアントでは、優秀な人材の確保が困難なことから社員を半常駐型にし、外注先であるドリームインキュベータの社員を自社の社員のように使っていました。かつ、コンサル業界でもプロ人材と業務委託契約を交わして、受注した案件に対してプロを活用する、という流れも一般的になりつつありました。

こうした経験から、「優秀な労働力の不足という日本最大の課題、特に採用に苦戦する中小企業やスタートアップにとっての最重要課題は、プロ人材で解決できるのではないか」という仮説を持ちました。供給側、つまり優秀な人たちが独立するような流れが続く、という仮説が正しければ、需要側の仮説と併せて市場が成り立ちます。

また、もう1つ仮説がありました。

それは、「スタートアップや中小企業、中堅企業、もしくは大企業の新規事業に求められているのは、コンサルティングや正しい戦略ではなく、実行部分なのではないか」ということです。つまり、優秀な人材に実務をしてもらえることです。

仮説の根拠には、ドリームインキュベータでスタートアップへの投資とインキュベーション（孵化、育成）を担当した体験がありました。また自身の事業創造の経験から、「戦略も施策も仮説」である（100％ロジックで検証できることはできない、もしくは実務上すべきでない）とすると、優秀な人材が実行しながら検証すべきではないか、という考えがあることです。実行した人材が優秀でなければ、常に「戦略は正しかったが、実行した人材が……」という言い訳ができてしまい、検証できないからです。

当時、調査やヒアリングをした結果、多くの経営者は3つの幻想に囚われていることがわかりました。

幻想①「いつか自社の理想通りの人材を採用できる」
幻想②「採用した社員は自社に定着する」
幻想③「自社や業界について自分が最も詳しい」

しかし、これらを「直視したくない現実」と照らし合わせて話すと、「プロ人材」に興味を持つ経営者はどんどん増えていきました。

直視したくない現実とは、中小企業にとっての三重苦です。

①日本の労働人口は急減

②人材争奪戦において圧倒的に不利という現実
③企業に求められるようになった「美しい姿」

①と②は前述した通りです。

加えて、現在は企業には経営者が本気で実現したいと思えるパーパスやビジョンが必要とされています。それだけでなく、SDGｓへの取り組みやホワイト企業としての在り方、ハラスメントなどのリスク対応。つまり、内側からも外側からも美しい姿が求められています。

少し前までは、「ベンチャー企業では社員が徹夜して売上を上げる」「倒産を防ぐために必死で働いてカバーする」という価値観が当たり前でした。しかし、その価値観はもはや通用せず、SNSなどですぐに悪評が立ちます。「成長したい」という個人は一定数いると思いますが、会社に寝泊まりしてまで頑張りたいという人がどれだけいるでしょうか。

優秀な社員の採用は難しく、仮に良い社員を採用できたとしても、社員の時間、個人の価値観、個人を魅了するビジョンなども重視しながら、自社の売上や利益の確保もしなければいけない。このように、極めて困難な経営を迫られているのです。大企業の予算があればともかく、中小企業やスタートアップの限られたリソースで、です。

こうした状況で、「即戦力となる、ずば抜けて優秀かつ成果にコミットして働けるプロ人材」をリスクなく、低予算で活用できる。その方法さえ伝えることができれば、市場（中小企業）の役に立つのではないか、という仮説が成り立ちました。これがキャリーミーのサービスに対して、私が確信を持った瞬間です。

日本企業を救うのは「プロへの外注」だ

キャリーミーに登録するプロ人材の職種は、マーケティング・広報、事業開発、人事（採用等）などさまざまです。これまでに2000社の課題をヒアリングし、求人情報を作成。500社以上の企業にプロ人材をキャスティングし、課題を解決してきました。

どの企業も優秀な人材不足に悩む現在、私は「プロ人材を上手く活用できる企業こそ競争優位性を実現し事業を成長できる」と確信しています。

キャリーミーを創業した2016年以降、年々プロとの契約を希望する企業は急増しています。増加するプロ人材は企業にとって大きなチャンスです。

本書では、どうすればプロ人材のスキルを法人の成長につなげられるか、プロ活用のパターンや成功事例などの観点から「プロへの外注」の実践的なノウハウをお伝えしていきます。

「プロ」に外注
売上最大化、リスク最小化の新常識

CONTENTS

第1章

「プロ人材」が日本を救う

第**2**章

自社に合った「プロ」の活用パターンを知る

「プロ」に外注
売上最大化、リスク最小化の新常識

CONTENTS

第3章 「業務の分解」で確実に成果を生む

第4章 「プロ」の力を最大限に引き出す

第5章

企業も個人も「挑戦」できる社会を

編集協力　土橋水菜子
株式会社 POWER NEWS
装丁　城 匡史
本文デザイン　別府拓（Q.design）
校正　加藤義廣（小柳商店）

第1章

「プロ人材」が日本を救う

人材会社を5社利用して1年半かけて採用できたのは

オフィスワーカーをはじめ、医療、教育、福祉、運送業界と、日本はどこを見渡しても人手不足です。リクルートワークス研究所の調査によると、2040年に、労働力人口は1100万人不足するという結果が出ています。

ディー・エヌ・エーの創業者である南場智子氏は、著書『不格好経営』(日本経済新聞社)の中で、「DeNAの競争力の源泉は、とよく訊かれるが、答えは間違いなく『人材の質』だ」と語っています。

また、経営コンサルタントでビジネス・ブレークスルー大学学長の大前研一氏も「20世紀は〝ヒト・モノ・カネ〟の時代だったが、これからは〝ヒト・ヒト・ヒト〟の時代である」(『大前研一ビジネスジャーナルNo.12 21世紀の人材戦略』〈good.book〉)と述べており、いかに経営において「人材」が重要になっているかがわかります。

キャリーミーのクライアントでもある社員数200名弱のマーケティング支援会社も、従業員の採用に頭を抱えていました。同社はウェブ関連事業で波に乗っていますが、やはり人材難が課題。人材紹介会社５社を利用して、50名の候補者と面接し、1年半かけてやっと採用した1人が、10カ月で辞めてしまった……。

多かれ少なかれ、すべての企業が「優秀な人材を採用したい」と試行錯誤する一方で、似たようなことがたくさんの企業で起こっています。

もちろん、人事担当者や経営者をはじめ、各社はさまざまな対策をしています。最近では、従業員に代わって事務作業をこなしてくれるＡＩや、ＩＴツールも増えました。タスク業務が減れば、そのぶん従業員がコア業務に時間を充てることができます。

また、外注という手段もあります。例えば、自社のマーケティング、広告制作、Ｘ（旧・Twitter）や Instagram といったＳＮＳの管理業務を、広告会社やＰＲ会社などに依頼します。

加えて、現在、ＢＰＯ（Business Process Outsourcing：企業が業務の一部を外部の専門業者へアウトソーシングすること）市場はどんどん拡大しています。時代の流れは「なんでも自社でこなす必要はない」という方向に変化しています。採算性の面もありますが、人材不足によって各社・各人の負荷が大きくなっていることも原因でしょう。

一方で、人材不足は〝外注する〟側の会社に限りません。そうした仕事を〝受注する〟企業も事情は同じです。

一時期、大手広告会社の就業形態が「ブラックだ」と取り沙汰されたことがありました。私は過去にコンサルティング会社に勤めていたことがありますが、そこでも残業はもちろん、徹夜も当たり前でした。

しかし昨今では、ＳＮＳなどですぐに悪い噂が出回ります。炎上したり、最悪の場合、クライアントから取引を停止されたりする恐れもあります。さらに「働き方改革」という追い風もあり、企業にとってコンプライアンスは遵守すべきものになっています。

それでは、企業からも、広告会社やＰＲ会社といった外注先からも溢れてしまう業務は、どうすればいいのでしょう。**それらの問題を解決する一助となっているのが、本書でお伝えする「プロ人材」**です。

「その道のプロ」を採用できる

当社では、「キャリーミー」というサービスを提供しています。フリーランスや個人事業主、起業家など、1・3万人以上が登録している業務委託契約のマッチングサービスです。成果にコミットできる優秀な「プロ人材」をキャスティングすることで、企業の課題を解決しています。「リソースが足りない」「社内に知見がない」とお困りの企業に、デジタルマーケティング、広報、事業開発、法人営業、人事・採用など、多種多様な「その道のプロ」を紹介しています。

いわゆる転職サービスとは異なり、私たちが紹介しているのは、企業が個人に仕事を依頼する「業務委託形式」です。業務委託契約では企業と個人は対等な関係であり、働く場所や働き方などに対して企業は細かい指示が出せません。そうした点で、派遣とも異なります。

プロ人材について、私たちは「専門的なスキルを持ち、それを本業として、成果にコミットできる優秀な人たち」と定義しています。業務に対するスキルがあるのは当然で、一定時間の稼働ができることを契約の条件としています。

優秀なだけではなく、「成果へのコミットメントが高い」ということも大きなポイントです。プロ人材は成果が出なければ契約を解約、もしくは減俸を提示されてしまいます。逆に成果が出れば、報酬単価を上げてもらえます。

私はフリーランスではありませんが、これまで合計で19年間、創業経営者として事業を営んでいます。「成果が出なければ終わり」というプレッシャーは、常に感じています。プロ人材のコミットメントの高さには、もちろん「プロ意識」もあると思いますが、成果への意識が大きく影響していると感じます。

プロ人材は、企業の要望によっては、ミーティングの際の出社や最低限の稼働時間を求められることがあります。そのため、夜間や土日祝日に稼働する副業のような働き方ではなく、平日の数日間、昼間も働けるようにしてもらっています。

ただし、必ずしも「正社員との掛け持ちが駄目」というわけではありません。一例として、現役でNTTドコモに働いているプロ人材は、平日の数日を業務委託の業務に充てています。非常に優秀な人材で、常時、複数の企業から仕事を受けています。念のため添えておくと、ＮＴＴドコモでは副業が認められているそうです。

キャリーミーでは、どのような条件の人材であっても、スキルがあり、責任を持って仕事をやり遂げてくれるのなら、企業との面談の場を設けています。ただし、あくまで成果を出せることが前提で、厳しいスクリーニングを行っています。こちらについては第４章で後述します。

登録しているプロ人材は、職種も属性もさまざまです。先のＮＴＴドコモのほかにも、大手企業ではMicrosoftやサイバーエージェント、花王など。そうした企業でＭＶＰを受賞した方々や部長職、メガベンチャー企業の役員だった方もいます。また東京大学の准教授や某テーマパークをＶ字回復させた有名マーケターのお弟子さん、農業従事者、科学者と、職種、属性、年齢は多岐にわたります。

職位としてのレイヤーもさまざまで、顧問、コンサルタント、プロジェクトマネージャーの登録もありますし、広告を運用したり、ＳＮＳを管理したりする実務者もたくさんいます。ライフスタイルもそれぞれで、お子さんを育てながら仕事をしている方もいますし、起業したての方や、自社で社員を抱えている経営者の登録もあります。

また、キャリーミーを利用している企業も、スタートアップ企業や中小企業のほか、大企業の新規事業などさまざまです。プロ人材の活用事例については、第2章でまとめているので、参考にしてみてください。

いま、欲しい人材が手に入る

プロ人材を紹介した取引先からは、たくさんの喜びの声をいただいています。その内容を分類してみると、以下のように考えられます。

①優秀かつ自社にフィットする人材をすぐにアサインできる

プロ人材活用の最大の特徴は、中小企業やスタートアップが予算内で採用できる正社員層をはるかに超える優秀層を、即（最短1週間で）活用できるということです。

これは日本の構造的な問題が大きいでしょう。労働人口が急速に減少する中で、売り手市場、つまり正社員側が企業を選びやすく、年収も高いほうに傾きがちです。一方で、特定の分野で起業できるような優秀層は、独立して2〜5社程度掛け持ちして、トータルでの年収を上げる傾向にあります。こうした層はいまのところ買い手市場のため、「すぐに」「優秀層を」「ほぼ確実に」活用できるのです。

魚釣りを例に考えてみましょう。釣り人が少なく、大きな魚がたくさん泳いでいる池に釣り針を落とすか、たくさんの釣り人がいて、魚はたくさんいるけれど小さな魚ばかりの池に釣り竿を下ろすか、いずれが有利でしょうか。

こうした背景に加え、現代は業務の細分化・高度化が進んでいます。優秀な正社員を雇用できたとしても、対応できない分野が増えてきています。

仮に、マーケティング部でYouTube動画の運用を始めるとします。そのために新たに人を採用しようとすると、時間も労力もかかります。

業務内容がピンポイントであればあるほど、欲しい人材を欲しいタイミングで見つけることは難しくなります。さらに正社員となればなおさらです。優秀な人材であるほど、前職での仕事の引き継ぎもしっかりする必要があるでしょう。一概には言えませんが、採用から入社まで、数カ月は見

どちらの池に竿を下ろすすべきか

ておく必要があります。

その点、プロ人材は業務委託なので、本人のスケジュールさえ空いていれば翌日からでも働くことができます。当社では、クライアントの依頼から3営業日以内に審査済のプロ人材を選び、1週間を目安に企業の担当者との面談の場を設けています。多くの場合、1週間から1カ月以内には、プロ人材が稼働することになります。

経営の神様、松下幸之助氏の言葉に「経営は適材適所である」というものがあります。正社員では適材を集めづらい現代、プロ人材であれば適材を、ピンポイントのスキルや施策ベースで集められるのです。

②成果にコミットしてもらえる

プロ人材は、基本的にはすべての業務を業務委託契約で請け負う個人事業主です。前述のように、常に「成果が出なければ継続してもらえない」というプレッシャーの中で仕事をしています。そのぶん、正社員よりも短期的な成果へのコミットメントは高い傾向にあると言えます。

また、仮に短期間で成果が出なくとも、プロ人材を活用して施策を検証し、さまざまな施策にプロ人材をアサインしながら運用していく体制も構築することができます。

③正社員より格段に少ない報酬で活躍してもらえる

正社員であっても、優秀な人材であれば年収1000万円は当たり前の時代です。社員側の給与は月額80万円程度ですが、会社にとっては1年に1150万円程度の支出になります。

これがプロ人材であれば、必要な業務分に応じて報酬を決めることになります。例えば週2回であれば月額20万～50万円程度に落ち着くことが大半です。採用にかかるコストも含め、メリットをおわかりいただけるのではないでしょうか。

年収1000万円層の人にフルコミットしてもらう必要はないけれど、週1～3回程度働いてほしいというケースは多いでしょう。裏を返せば、日本企業は優秀な人たちについて、その人がすべき業務に特化させることができていない、ということにもなります。

例えば、お客様の視点を踏まえたUI（User Interface：機器やソフトウェアの操作画面や操作方法）をウェブデザインに落とし込むことができる人がいたとします。そうした人に、必要な業務（ユーザーヒアリングや、デザイン設計、テスト等）だけをやらせているかといえば、そんなことはないでしょう。社内イベントの日程調整や飲み会への参加、無駄な会議、社内調整、場合によっては兼務でほかの業務をしていたり、雑務も多かったり……。

それがプロ人材であれば、優秀な人に本来必要な業務を依頼できます。適切な額の報酬で、高い価値のある業務だけをしてくれるのです。

④「固定費」が「変動費」になる

経営者の愛読書にもなっている『ビジョナリーカンパニー2』（日経BP社／ジム・コリンズ ジュリー・ボラス著、山岡洋一訳）の中に、次のような言葉があります。

「偉大な企業への飛躍をもたらした経営者は、まずはじめにバスの目的地を決め、つぎに目的地までの旅をともにする人びとをバスに乗せる方法をとったわけではない。まずはじめに、適切な人をバスに乗せ、不適切な人をバスから降ろし、その後にどこに向かうべきかを決めている」

しかし日本においては、正しい人（優秀な人材）は極めて雇用が難しく、しかも、正しくないとわかってもおろせません。企業側に解雇権はなく、経営視点から見ても人材のフィットが難しくなっていると言えます。

繰り返しになりますが、プロ人材に依頼するのは業務委託です。成果に納得できない場合、企業側は「契約を更新しない」という選択もできます。

また、企業が望むかたちに合わせてプロ人材を入れ替えることができます。

1つは、「施策」単位です。例えば、既存事業の営業支援でも「アポイントをいかに多く獲得するか」と「獲得したお客様の満足度を上げる」では、施策が異なります（施策をどう考えるかについては、第3章で詳しくお話しします）。社員では施策ごとに人を入れ替えることは難しいですが、業務委託であればそれぞれに別の人材をアサインすることができます。

プロ人材自身も、成果を出すことが業務委託の契約だと理解しています。自分の得意分野ではないこと、成果を約束できない仕事を受けることはありません。面談の段階で「この場合の施策は、広告ではないと思います。そうなると、私はきっとお役に立てません」と、指摘してくれることすらあります。

加えて、企業が選んだ施策が間違いだった場合も、入れ替えができます。

例えば、企業が選んだ施策が「広告」だったとします。ところが、施策を進める中で思ったような効果が出ない、あるいは本当に必要なのは広告ではなく「広報」だとわかったとします。

このとき、正社員であれば専門外の広報に取り組んでもらうか、他部署に異動してもらうかになるでしょう。これが業務委託であれば施策ごとにプロ人材を入れ替えることも可能です。

それから、事業の成長過程において、必要な人材はフェーズによって変わります。正社員ではどうしても固定化されてしまうのに対し、プロ人材はフェーズごとに入れ替えることもできます。

例えば新規事業を起こす場合、アイデアを生む「0から1」の段階と、生まれたものを「1から10」に広げていく段階があります。両方が得意な人が見つかればベターですが、「0から1」のために採用した正社員に、「1から10」もお願いし続けることは得策ではない場合もあります。本人にとっても辛いことかもしれません。

プロ人材なら、それぞれのフェーズに合った人をアサインし、切り替えのタイミングでバトンタッチできます。各人が最も得意な領域で、最大のパフォーマンスを発揮できるのです。

このように、一度正社員を雇用すると、基本的に企業側が「解約」を選ぶことはできません。そして何十年にもわたって給料を保証していくことになります。その金額も一定ではなく、年数に応じて上げていく必要があります。

例えば、年収600万円の人が20年会社に在籍したら、1・2億円の給与を負担しなければなりません。私は高年俸の社員ほど慎重に採用を考えますが、その間に他社に決められてしまうこともあります。経営者にとっては、非常に難しい判断です。

プロ人材は、施策やフェーズによって増員したり、減らしたり、入れ替えたりできます。これまで、「固定費」だった人件費が、「変動費」になるのです。

⑤優秀な人材本人に働いてもらえる

外注先のとても優秀な人から提案を受けた。「この人がやってくれるなら」とお願いしたのに、実際に仕事をこなしているのは、新入社員。

代理店などに外注すると、よくあることではないでしょうか。それでも結果が出ればいいのですが、実際には思ったような働きをしてくれないことも多いと思います。

この点で、プロ人材を活用する場合は、指名した人が最初から最後まで仕事をしてくれます。有名企業の元社員で、社内でＭＶＰを獲得したような人材が担当になれば、その人が業務全体の指揮を取ったり、具体的な実務を行ったりしてくれます。

⑥プロのノウハウを内製化できる

外注とプロ人材が大きく異なる点に、「任せた仕事を、その後自社で内製化できるか」が挙げられます。

外注は文字通り「自社の外」に仕事をお願いすることです。業務をこなしてくれても、基本的に自社内にノウハウは蓄積されません。例えばＳＥＯの課題を外注で解決できても、また同じ課題が出てきたときに、社内のリソースでは解決できないわけです。

一方、プロ人材は外注として仕事を丸ごとお願いすることもできますし、自社の中で業務をこなしてもらうことも可能です。「最終的に内製化したい」「社内に知見を落とし込んでほしい」ということであれば、選んだプロ人材が実働してくれるだけでなく、社員に向けて直接、レクチャーやコンサルティングをしてくれます。

⑦社内に好循環が生まれる

少子高齢化、終身雇用の崩壊。諸外国と比較して伸び悩んでいる日本経済に対して、特に不安を抱えているのは20〜30代の若い人たちです。

昔と比べて、転職も一般的になりました。「Mediverse」というメディアが行ったアンケートでは、「現在、転職を考えていますか？」という質問に33・0％の人が「考えている」と答えています（全国の20〜49歳の男女300人への調査。調査日：2022年9月14〜15日）。

「この会社にいて、自分は成長できるのだろうか」「スキルがなければ、生き残っていくことはできないかもしれない」といった心配も重なり、転職を選ぶ人も多いのでしょう。

そのような中、デジタルマーケティング、広報、事業開発、法人営業、人事など、その道のプロが社内で稼働してくれるとしたら、社員にとっても学びのチャンスとなります。社員のレベルが高くなると転職してしまうのではないか、と思えますが、成長の機会を与えてくれる会社は、求心力も高くなるはずです。

デジタルマーケティングを例に挙げても、広告運用やSEO、Google アナリティクスを用いた分析など、必要な知識は多種多様です。その知識を社員へと落とし込んでくれることで、社員のレベルも上がっていきます。実務も並行しながら社員教育してくれるわけですから、外部講師を招くよりローコストです。

また、社員に「自律」を求める企業にも最適です。優秀なプロ人材は、成果が出なければ解約され、「自律的に働かないと成果も出ないし継続してもらえない」と、理解していきます。

自律的な人材がいることは、企業にとってプラスに働きます。プロ人材を社内に増やしていくことで、社員はスキルだけでなくマインド部分も学ぶことが多くなります。

⑧新しく部署やチームをつくることができる

広報部、新規事業、マーケティングチームなど、新しく部署やチームをつくる際、「社内に適任者がいない」というケースは多くあります。その場合にも、プロ1人で（もしくはプロのチームで）すぐに立ち上げることができます。

⑨外注先のプロ人材へのリプレースによりコスト削減

日本では、多くの業界が下請け構造になっています。自社が外注した先が他社に業務を投げ、その会社がさらに他社に投げ、といった構図も珍しくありません。その際、外注先が付加価値を付けてくれるのであれば価値はありますが、単純な丸投げであれば、間に会社が入るぶん、コストは高くなります。プロ人材を活用すれば、間に入る会社もなくコスト削減になり得ます。

⑩社員が本業に集中できることにより、生産性が上がる

社員が「苦手な採用業務を担当している」「兼務で広告運用もしている」というケースはよくあります。こうした業務をプロに任せることで、社員は「本業」に集中できるようになります。生産性が上がり、短い時間で成果を出すことができるようになります。

⑪プロを正社員として迎えることも可能

プロと業務委託契約を交わした後、双方の意向によっては正社員として雇用契約になることもあります。特にプロ人材が経営者の考え方や会社のビジョンに惹かれている場合、そうした可能性も強まります。

当社のアンケート調査の結果、フリーランスでも14・7％が「1社へのフルコミットも検討している」としています。また、「検討していない」人がフルコミットで働く条件と

して挙げた項目で最も多いのが、「勤務形態や勤務時間が自由であること」、２番目が「経営者や役員の人柄が良いこと」です。

この部分こそが、優秀な人材獲得の上での中小企業の勝ち筋だと考えています。実際に、キャリーミーのクライアントでもプロ人材から社員化した事例はあります。また、プロの稼働を徐々に増やしたり、業務委託だったプロをフルコミットの取締役になったりする事例もあります。

⑫結果、大きな成果が出る、課題が解決できる

複数のクライアントに、このように言われることがあります。

「クラウド上でフリーランスを選べるクラウドソーシングも使いましたが、活用し切れない。課題解決のために、施策の提案から、どのプロが優秀かを把握した上でのキャスティング、プロの活用方法の助言、場合によってはプロ・チームでの課題解決の提案までしてくれることが、キャリーミーの価値ですね」

プロ人材を紹介されるだけではなく実際に課題を解決できる、ということにメリットが

あると実感しています。リスクを最小化し、リターンを最大化できる仕組みを整えることができるのです。

プロ人材活用のデメリット

以上、プロ人材活用のメリットについてご説明しました。ただし、プロ人材活用にもデメリットは存在します。間違った選択とならないよう、ここでお話しします。

まず、詳しくは後述しますが、プロ人材を活用するパターンによっては、「業務の分解」が欠かせません。プロ人材に週2回稼働してもらうとすれば、どんな目的で、どの業務を、どのくらい依頼できるかを、自社で把握するということです。

しかし、多くの企業が自社では難しいと悩まれます。キャリーミーでは業務の分解を無償でお手伝いしており、本書でもノウハウをお伝えします。

また、プロ人材の多くは、ミーティングベースでの出社は問題ないけれど、作業はリモートでの業務を希望します。そのため、業務の切り分け（どの業務にコミットしてもらうのか）と、オンライン・オフラインでのしっかりとしたコミュニケーションが必要です。

通常、定例の会議などではオフラインを推奨しています。しかし地方企業が東京のプロを活用する場合など、その出張経費を企業が負担することが多く、ここはデメリットとなります。

求められるのはビジネスプロデューサー

私がドリームインキュベータに在籍中に社長に就任した山川隆義氏の書籍に、まさにキャリーミーが実現していることが書かれていました。

「誰にどのような能力があり、どのようなことが得意かを把握して、物事の実現に向けて、最適な人を集め、実行をプロデュースする人材、『ビジネスプロデューサー』が求められる。（中略）

つまり、何かを行うときに、タスクを分解し、実行に必要な人材をキャスティングし、仕事を依頼し、取りまとめるプロデューサー的役割と、依頼された仕事を瞬時にこなすスペシャリストの組み合わせだ。（中略）

この仕事をやるなら、AさんとBさんとCさん。この仕事をやるのなら、TさんとRさんとZさん、残りはAI。という具合に、仕事によってダイナミックにチームメンバーを

再構成するのだ。（中略）

また、社内で適切な人材を探すだけではなく、場合によってはオーディション、すなわち社外からもキャスティングするパターンも考えられる。

多くの企業は、新規事業で『何をやるか』ということに時間を費やすが、「誰を使うか」というキャスティングにも、もっと時間を費やすべきではないかと考える。（中略）

1 課題を定義し
2 課題を因数分解し
3 課題を解決するのに必要な能力・機能を明確化し
4 その能力・機能を調達し
5 調達した人材、ＡＩを統合しながら課題を解決する

（中略）

特にポイントとなるのは、4 その能力・機能を調達、することだ。

『瞬考』（かんき出版）

こちらにあるような、「ビジネスプロデューサーとしての役割」を担い「プロ人材のキャスティング」をしているのが、キャリーミーの事業そのものだと言えます。

「幻想」から覚めた企業がプロ人材を活用できている

プロ活用のメリットを実感する企業には特徴があります。3つの「幻想」に気付いた企業だということです。

幻想①「自社の理想通りの人材を採用できる」

「いつか自社でも優秀な正社員を雇用できる」と考える中小企業経営者の方はたくさんいます。年収は転職の市場価値ではなく、自社基準の350万～500万円程度で。

平均給与は大企業約35万円、中企業約30万円、小企業約28万円という現実があります（厚生労働省「令和4年賃金構造基本統計調査」）。加えて大手は、福利厚生などが充実し、研修制度も整い、かつ家族や恋人・結婚相手から見た安心感・信頼・ブランドもあり、冷静に考えると優秀な人材を獲得することにおいて圧倒的に不利ということがわかります。

大手企業や大型資金調達を済ませたスタートアップが、魅力的な事業内容とともに高年収を提示しています。職種でいえば、エンジニア、マーケッター、事業開発、経営戦略・

企画などの市場価値は高騰しています。その中で、即戦力を中小企業の一般的な予算内で獲得するのは、極めて困難です。

もちろん、中途社員を採用できないとお話ししているわけではありません。予算に合った人材は採用できるでしょう。しかし、「これもできる」「あれもできる」「こんな性格の人」「こんな経歴の人」「こんな学歴の人」「年齢はこのくらい」と自社に都合の良い条件を挙げる企業がたくさんあります。

これは、現実を加味していない幻想です。採用できずに困っている間に競合他社は事業を成長させてしまいます。

ただし、即戦力ではないけれど、ポテンシャルのある若手社員はまだまだ採用可能です。キャリーミーのクライアントでは、「若手社員＋プロ人材」という組み合わせで組織を構築し、プロ人材に若手社員の育成や内製化を依頼する企業も多くあります。

幻想②「採用した社員は自社に定着する」

自社が優秀だと感じた社員は、他社から見ても優秀です。いまの時代はダイレクトリクルーティングなどもあり、入社しても「合わない」と思ったら離職することが多いのが現実です。転職しなくても市場価値を知るために登録したら、いまの年収の1・5倍、2倍を提示された、ということもあります。

また、2度や3度の面接で、その人の能力や自社との相性を見極めることは極めて難しいでしょう。能力だけでなく、現在の組織にフィットするかという点も重要です。「即戦力社員を採用できた」と思ったら、担当してほしい業務については未経験だった、ということもよくある話です。

人材紹介会社に依頼し、めでたく採用。しかし社風に合わず、早期で離職。ただし一定期間は経っていたので人材会社に支払った手数料も返金されず、まったくのムダ金と徒労だった。そんなことも、経営者同士の会話ではよく出てきます。

幻想③「自社や業界について自分が最も詳しい」

多くの経営者が、「自社の状況は自分がいちばんよく理解できている」と思っています。しかし、実際には多くのことを経営者は知りません。外部からの視点でこそ気付けることもあります。

・**最先端の施策（マーケティング施策、営業施策、もしくはテクノロジーなど）**

・自社の客観的な見え方（お客様の視点、自社サイトやブログに対する外側からの視点等）
・社員の本音（経営陣には言えない、会社に対して感じていること）
・自社の本当の強み（自社が強みと思っていたことが、お客様には刺さっていない。もしくは他社もできていた。あるいは全然違うことが強みとなっていた）
・採用市場での自社の魅力と課題（自社の魅力を正しく打ち出せていない。候補者から見て自社のブランディングや採用サイト、広報記事がどう映っているか）

帝国データバンクが行った調査では、「人手が不足している要因」として、最も高かったのが「条件に見合った人材から応募がない」（54・6％）、次いで「業界の人気がない」が45・4％、「企業の知名度が低い」が42・2％となっています（2023年5月12〜16日、有効回答企業数は1033社）。こうした調査からも、自社に改善が必要だと感じている企業は少ないことがわかります。

しかし時代は変化しています。少し前の「当たり前」が当たり前ではなくなり、それに気付かないということは往々にしてあります。まずは、「気付いていないことに気付くこと」が重要です。

経営者は、これまで自分が会社を牽引《けんいん》してきたという自負から、自分が何でも知っていると思いがちです。しかし、「他社のほうが上手くやっているな」「あの会社はあんなに成長していていいな」と思ったことはないでしょうか。自社が本当に「何でも知っている」のであれば、自社も思う通りに成長しているはずです。

経営者だけでなく、人間は「実際以上に知識があると思い込んでしまう」という傾向があることは、心理学者のフィリップ・ファーンバックとスティーブン・スローマンにより「知識の錯覚効果」として明らかにされています。

図表① 外部の視点でこそ気付けることがある

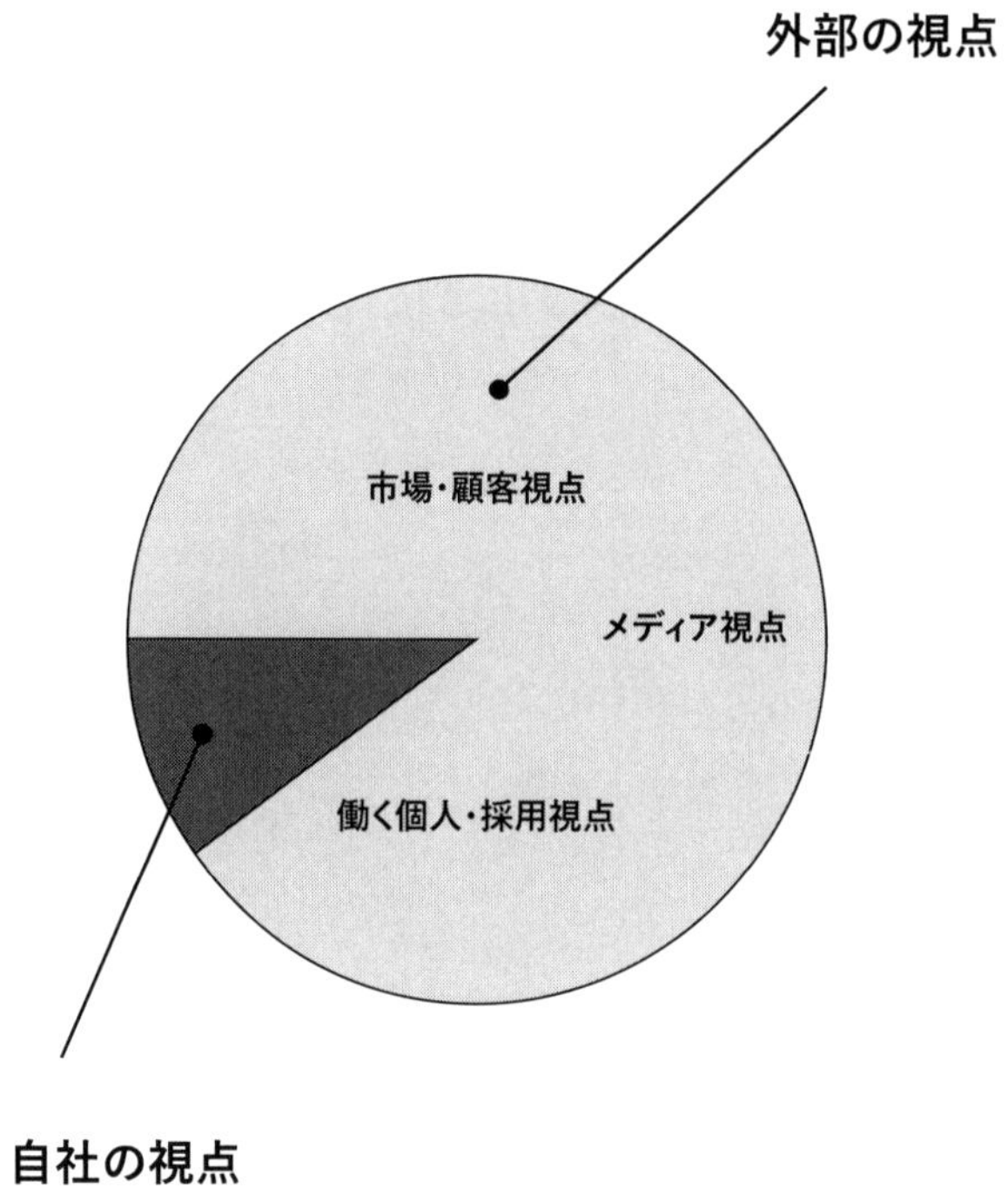

フリーランスや起業が増える社会的背景

業務委託という働き方は、現在ではずいぶん一般的になってきています。しかし、以前は私たちが人事担当の方に提案しても、「正社員を採用したいんです」と、あまり聞き入れてもらえませんでした。

ところが、同じ話を直接経営者にすると、反応はまるで違いました。「すごく良いね」「会ってみたい」と、ポジティブなリアクションが返ってくることが多かった印象です。

この違いはどこから来るのか。多くの経営者は「目的思考」です。「売上を伸ばしたい」「ビジョンを達成させたい」「利益をもっと出したい」といった目的を達成するために、日々思案しています。その結果、「人手が必要」という結論になれば、正社員採用を人事部に指示します。業務委託という選択肢についてあまりよく知らないから、従来通り「正社員を」となるわけです。

裏を返せば、「売上を伸ばしたい」といった目的が果たされるのであれば、雇用形態は二の次だということです。業務委託でもアルバイトでも、極端に言えばITツールでも構いません。

一方、人事部からしてみると、社長からの指示は「正社員採用」です。正社員を採用することが目的になるわけですから、最初から業務委託は選択肢に入っていなかったのでしょう。

こうした状況に変化が訪れるきっかけとなったのが、2019年に始まった「働き方改革」、それに、新型コロナウイルスの大流行です。これらにより、各社で業務のDX（デジタル・トランスフォーメーション：デジタル変革）化や、アウトソーシングの活用が加速しました。同時に、業務委託に対する理解も急速に進みました。

また、先述の通り、若手社員の価値観は大きく変わってきています。新卒で入った会社で生涯にわたって勤め上げていこうと考える人は、ずいぶん減りました。

この背景には、長く働き続けることに対する期待が薄れてしまっていることがあるでしょう。特に、大手企業はまだまだ年功序列型賃金です。人口分布を見ても50代が多い日本で、会社の主要ポジションのほとんどをその年代が占めています。例えば、これから求められるデジタルに対する知見は明らかに20〜30代のほうが持っているのに、貢献度の低い一部の50〜60代と比べて年収が大幅に低いといったことがあります。そうした企業で若年層が希望の部署に異動したり、昇進したりすることは容易ではありません。

そういった社会の締め付け感から、独立する人は増えています。近年はスタートアップブームも起き、起業しやすい土壌も整いました。自分がこなせる範囲の仕事を業務委託で請け負うことで、子育てと仕事のバランスを取っている人もいます。

ひと昔前は、「独立する人＝社会不適合者」というイメージがあったのも事実です。しかし最近はまったく様子が異なります。事実、2020年時点で**年収1000万円以上の人の割合は、被雇用者の場合で4・6%、フリーランスの場合で16・8%**と、3倍以上の差があります。また、2018年のフリーランスの年収1000万円以上の層は7・4%で、2年で2倍以上になっていることがわかります（被雇用者の数字は、1年を通じて勤務した給与所得者の年収分布。国税庁「令和2年分 民間給与実態統計調査」より。フリーランスの数字は就業時間140時間以上のフリーランスの年収分布。一般社団法人プロフェッショナル&パラレルキャリア フリーランス協会「2018フリーランス白書」「2020フリーランス白書」より）。いまは、優秀な人ほど独立を選んでいるのです。

企業と個人双方にメリットがある働き方

独立する人が増えていることで、企業にとって新しい労働力の確保方法が生まれています。ただ、これらにも問題が残されています。

近年では、「クラウドソーシング」という市場も生まれました。個人が手軽に仕事を受注しやすくはなりましたが、ライターやデザイナーといった多くのフリーランスが非常に低い単価で仕事を受けています。

これは、発注側と受注側がお互い顔を見ないでやりとりすることや、ウェブサイトに掲載された受注者の経歴や実績が本当かどうかわからないことが原因だと考えています。企業からしてみれば、**誰に頼めば質の良い仕事をしてくれるかわかりません。だから「とにかく安く業務を受けてくれる人に発注する」**という傾向があるのでしょう。

この点で、キャリーミーでは、企業との面談までに必ずキャリーミー側でプロ人材をスクリーニングしています。その上で企業とプロ人材との面談の場を設け、お互いの顔はもちろん、スキルや人柄、実績がわかるようにしています。

また、プロ人材は数年の間に5つ、6つの仕事を受けることも一般的です。稼働後の「企業側からの評価」や「契約の更新回数」から、より成果にコミットできるかどうかを見極めることができます。


労働力の確保の選択肢には、外国人労働力もあります。日本の労働人口が減る中で、外国人労働力の受け入れは必須だといわれています。ただし、職業やその外国人の適性にもよるでしょうが、日本人と一緒に働く場合、どうしても日本語がネックとなりがちです。

外国人労働力の受け入れを否定するつもりはありませんが、もっと効果的な方法もあると考えています。それが、**「埋没労働力」の活用**です。子育てをしながら働きたい人や、稼働時間が空いている人はたくさんいます。しかし、そうした人たちが思うように働く機会を得ることができていません。

こうした課題を解決する方法の1つが、「プロ人材」の考え方です。プロ人材は自分の「好き」「得意」な分野で働きます。そもそもスキルは高いですし、コミットメントも高い。「もっと仕事を受けたい！」と思っている人が、キャリーミーに登録してくれています。

キャリーミーは、人材向けに広告を打ったことがありませんが、それでも毎月100〜

200人の新規登録があります。ここ数年は口コミや本田圭佑氏が出演する企業向けのタクシーCMで知って登録する方も増えてきています。

一方で、中途採用の有効求人倍率はずっと上昇傾向です。各社が少ないパイを奪い合っている中、プロ人材であればまだまだ自社に適切な人を選ぶことができます。この状況は、企業にとってのチャンスです。

もちろん、プロ人材にとっても、業務委託はメリットが多くあります。

①やりたい、得意、好きな仕事にフォーカスできる

多くの企業から、「なぜそんなに優秀な人がキャリーミーに登録するのですか？　自分で仕事を獲得できるのでは？」と聞かれます。

まず、よほどの有名人でない限り、企業から仕事の相談が来ることはそうそうありません。自分で自分を売り込む必要があるわけですが、プロ人材も営業職でない限り営業は得意ではなく、自身の業務に特化したいと考えます。また、自分で売り込むのではなく、第三者にプロとして紹介されたいという気持ちもあるでしょう。

広告の運用なら広告の運用だけ、広報活動なら広報活動だけを受ける。自分が本当に応

援したい企業や、素敵なビジョンを持っている企業にだけ貢献する。やりたいこと、得意なこと、好きなことにフォーカスできるのが、プロ人材として働く大きなメリットです。

また、後述する「業務の分解」や「施策の策定」の初期段階をキャリーミーが実施することで、プロ人材は業務領域をある程度絞った状態で始めることができます。この点で、自分で仕事を取るよりもやりやすい、ということもあります。

②収入を最大化できる

業務委託形式での働き方は、並行して複数の仕事を受けることも可能で、正社員時代よりも報酬が増える可能性があります。キャリーミーに登録しているプロ人材の場合、多くのケースで2～10社程度で稼働しています。中には年収が5000万円程度の人もいます。

私は、プロスポーツ業界のように、「リスクを取り、努力の結果、成果を出した個人が報酬を多く得る社会が公平」だと考えています。プロ人材の世界でも、早く「1億円プレーヤー」を生み出したいと思います。

③スキルアップできる

プロ人材は、さまざまなプロジェクトで成果にコミットすることで、自身のスキルのアップデートができます。また、戦略的に自分が得意な業務で成果を出し、得意ではない周辺領域を学び、自身のスキルにしていきながら仕事をこなします。その点でも、全体的なスキルアップにつながっていきます。

④自由な働き方ができる

社員と異なり、プロ人材は働く時間や場所が拘束されません。育児や介護、趣味との両立など、ライフステージに合った働き方ができます。

⑤企業と対等な関係

企業に所属して働く場合、どうしても企業が「上」の構図になってしまいがちです。雑務もこなす必要がありますし、異動を命じられたら従わなくてはいけません。

その点、業務委託なら企業側がプロ人材を解約できるのはもちろんですが、プロ人材側がその仕事を「選ばない」こともできます。個人と企業が対等の立場で協力することができるのです。

プロ人材として働くことの魅力について、本書の各章末に実際にプロ人材として働く人のインタビューを掲載しています。自分らしく働き、成果も出せる。それによって企業も成長する。働く人と企業の理想の関係性を考えてみてください。

5社以上の企業を掛け持ち！「自分の『得意』に集中できる」

椿奈緒子さん

総合商社を経てサイバーエージェントに入社。第1回社内事業プランコンテストのグランプリを獲得。2005年にサイボウズとの合弁会社 cybozu.net を立ち上げ、後に代表取締役CEO。YOLO JAPAN 取締役COOを経て、フリーランスで新規事業顧問業務を行う。事業責任者育成向けの事業開発メンタリングを手掛ける「メンタリング株式会社」を設立。

これまで、通算すると16件以上の新規事業を立ち上げています。メディアや広告事業、インターネットを使った課金・物販など「デジタル×○○」といったデジタルに関する分野を数多く立ち上げてきました。

新しいことを始める際は、みんな、不安でいっぱいです。もちろん、私も不安がまったくないわけではないけれど、持ち前のポジティブさで「まずは、やってみようよ！」と背中を押す。そして、一度スタートしたことは、最後までとことんやり切る。それが、私がお手伝いしている、新規事業の分野には欠かせない力だと思っています。

キャリーミーに登録した際、最初に言われたのは「椿さんにご紹介できる仕事は、あまりないかもしれません」でした。いまでこそ新規事業に着手する会社は増えていますが、私が独立した当初は、新規事業の開発を外部に依頼する会社はまだまだ少数だったんです。

キャリーミーに登録して半年が経った頃、いくつかお仕事をご紹介いただきました。世の中で新規事業のプロ人材を求める声が高まってきたことに加え、キャリーミーの方々が、各社に営業してくださったからでしょう。その後訪れた面談の場で、クライアント企業に「私だったら、こうします」とお話しし、その提案を気に入ってくださったのがプロ人材としてのキャリアの始まりです。

新規事業の難しいところは、100%合致する前例がないことです。そのため、多くの企業はどうしてもおよび腰になってしまいます。私は、会社員時代にもさまざまな事業に携わってきたので、良いも悪いも失敗するパターンを経験しています。

多くの場合、失敗する原因は、組織的な問題、戦略の問題、そして、タイミングに集約されます。普段は「まずは、やってみよう」と励ましますが、これらで引っ掛かるようなことがあれば、いったんストップを掛けます。そうして、詰めが甘いところの落とし込みをしっかり行い、なるべく失敗しないようプランを立てていきます。

ただ、私は失敗はしていいと思っています。新しいことを始める際には、大なり小なり、トラブルやエラーは付き物です。何か起きた際には、手を換え品を変え、なんとかして前に進んでいく。新規事業には、そういったエネルギーや推進力も欠かせません。

躊躇《ちゅうちょ》していると、時間だけが過ぎてしまいます。躊躇《ちゅうちょ》している企業には、「こんなものは、どうですか？」とプレスリリースの案をつくってみたり、展示会などで、その事業に興味がありそうな人を見つけて連れて来たりすることもあります。

新規事業にプロ人材を活用しようと思っている方にアドバイスをするとしたら、成功までのマイルストーンをきちんと描いておくことです。目標、そこに到達するまでの期間・方法を事前にしっかり擦り合わせておくことが、安心材料になります。

そのようにして、両者の「コンセンサスライン」を決定したら、私はそれを超えられるように意識します。目標に到達できるだけでもハッピーなのに、期待以上の成果を出せたら、クライアントの満足度も高まるからです。

いまは、常時5社前後の会社の新規事業をお手伝いしています。稼働時間はフルタイムのときと比較すると半分以下です。フルタイムのときは、当然ながら1つの会社の仕事に1社フルコミットしている状態でした。私の得意・不得意に関係なく、役割範囲の仕事はこなしていかなければいけませんでした。

けれども、フリーランスとして独立してからは、自分の好きなこと、得意な分野にだけフォーカスして仕事を受注することができます。5社でも10社でも、好きなぶんだけ仕事ができます。

得意なことなので、成功率も高まりますし、結果を出せば、クライアントにも喜んでもらえます。何よりも、私自身も楽しい。よく「正社員に戻らないのですか？」と聞かれます。複数社を同時に担当できるいまの仕事の進め方が私には合っていると思うので、当分、1社フルコミットになることはないと思います。

私は、プライベートでは2児の母です。プロ人材という働き方は、子どもを育てながら働くワーキングマザーにもぴったりだと思っています。

第2章

自社に合った「プロ」の活用パターンを知る

プロ人材の活用の仕方

本章では、具体的なプロ人材の活用のパターンと導入の流れを、事例とともに紹介していきます。

まず、企業からの依頼分野はさまざまですが、以下の3つを特に多い事例として説明します。

①マーケティング・営業（広義）

・マーケティング戦略
・デジタルマーケティング施策（広告運用、SEO対策、オウンドメディア、ウェブデザイン、LP制作、SNS対応）
・オフライン施策（ブランディング、広報・PR、展示会、ウェビナー）
・営業戦略、施策、実行

マーケティングは日本企業が大きく遅れていて、かつ、重要な分野です。逆に言えば、てこ入れすることで業績アップにつながりやすいということでもあります。

企業によっては、まだマーケティング部などがないこともあり、プロ人材だけでチームを組むことも増えています。地方企業からの依頼も増えており、「ウェブサイトをスマホ対応にする。もっと魅力的にする」といった見せ方の改善や、「地方の産物を全国に展開したいが、やり方がわからない」といった場合の、EC出店から売上アップなどをプロ人材が請け負っています。

②採用

「どうしても正社員を採用したいが、自社では知見がないし、採用を外注しても駄目だった」。そうした場合に多い依頼が、採用支援分野でのプロ人材活用です。

外注してもうまくいかない理由の1つが、採用の視点だけで考えることです。採用とひと口に言っても、さまざまなことを考えなければいけません。

・自社に合う人（かつ現実的に採れる層）の定義

・そうした層への訴求ポイント（何が刺さるか）
・どのポジションに何人必要か
・採用のための予算をどうすべきか
・良い層を採用するための施策

採用は、まさにマーケティング活動です。企業の課題によっては、採用のためにマーケティングのプロをキャスティングすることもあれば、採用のプロをキャスティングすることもあります。また、採用のプロ（採用戦略）1名、マーケティングのプロ1名、採用施策の実行1名などチームで実行する場合もあります。

③事業開発

大手企業からの依頼が多いのが新規事業開発です。この理由は、下記のように考えられます。

・そもそも新しい分野なので自社に知見がない
・新しく事業を開発するというノウハウがない

・リソースが足りない（既存事業を担当している社員をアサインできない、もしくは成功確度が低い新規事業を社員がやりたがらない）
・現在の雇用市場では、中途採用で欲しい人材を獲得するのは難しい
・雇用は可能な限り避けたい（正社員で採用すると、失敗したときにも解雇できない）
・外注では、コンサルティングだけで実行部分を代行しない会社が多い。もしくは事業をつくるという「目的」ではなく、広告運用など「役割」が得意な会社が多い

新規事業の開発にも慣れ、進出したい領域の経験も豊富なプロ人材がいます。場合によっては彼らがチームをつくり、正社員チームとでディスカッションしながら進めていくことで、成功確度を大きく高めていきます。

右記は、よくある事例ですが、これら以外にも、営業、人事（人事制度や組織開発）、経営企画、経理・財務、ＩＲ、システム開発（特に上流）、ＤＸ、業務効率化、など、ほぼすべての職種・領域においてプロ人材の活用が進んでいます。

プロ人材活用のパターン

これまでプロ人材をキャスティングさせていただいた企業は、３つのタイプに分けられます。

①リソース不足
②ノウハウ不足
③両方の不足

これらの状況に合わせて、キャリーミーでは大きく分けて以下のようなパターンでプロ人材を紹介しています。それぞれ、順に見ていきましょう。また、それぞれのパターンについて、実際にプロ人材を活用している企業の事例も紹介します。合わせて参考にしてください。

図表② プロ人材活用のパターン

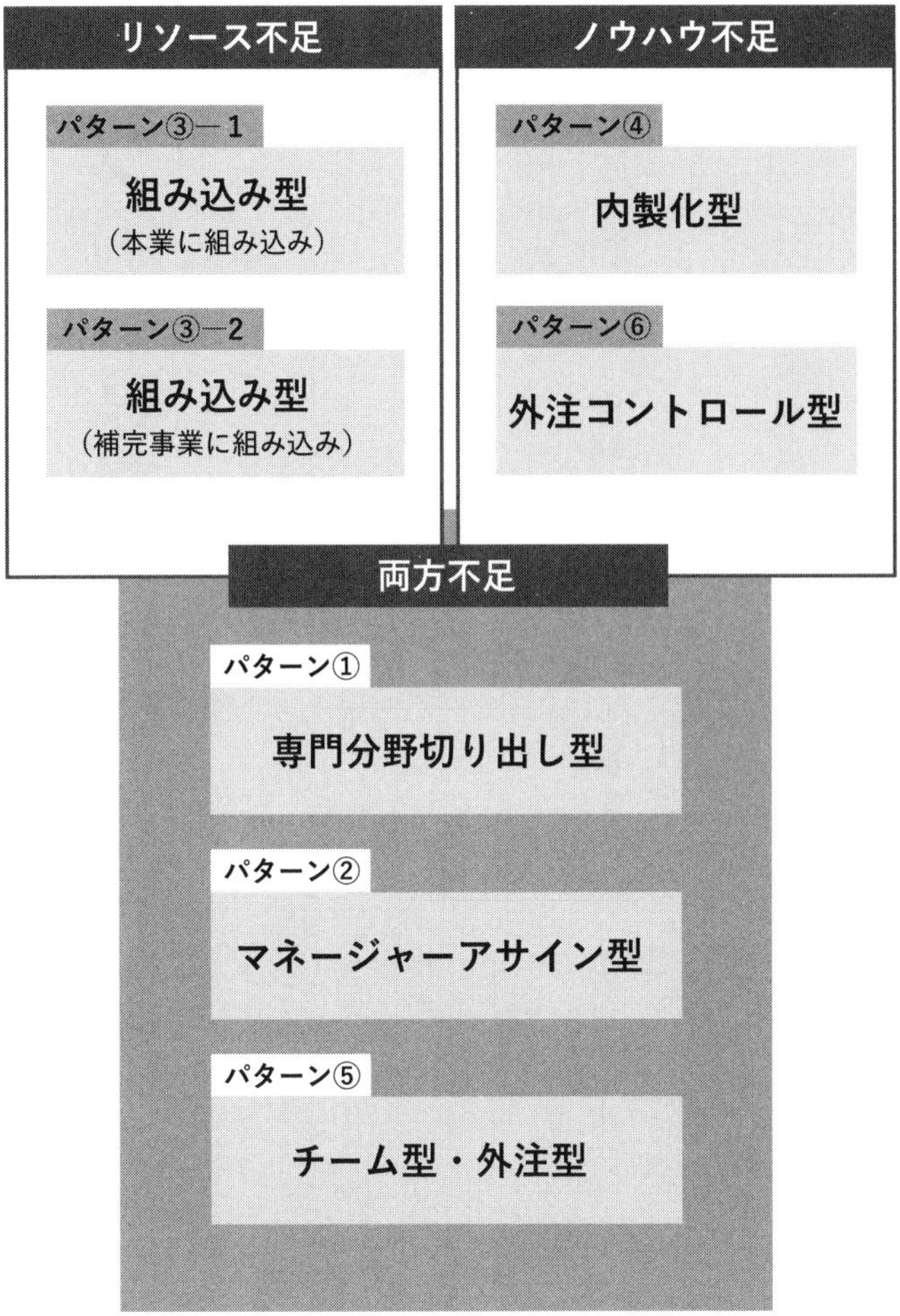

パターン①　専門分野切り出し型

自社にノウハウがなく、また、リソースもない場合に、**業務を切り出して実務部分をプロに依頼するパターン**です。キャリーミーでは依頼全体の4割程度を占め、最も多くなっています。プロ人材が出社するケース（ミーティングベースがほとんど）も多く、**成果が出やすい**ことが特徴です。

マーケティングでいえば、広告運用、SEO対策、SNS運用、広報施策の実行などの施策、もしくはマーケティング戦略の立案といった戦略支援などがあります。

このタイプでは、特に業務の分解と正しい施策の選定が重要です。その部分をキャリーミーが支援することもありますし、プロ人材に整理してもらいながら進めることもあります。業務分解のノウハウ、施策選定のノウハウについては、第3章で説明します。

●導入事例　「実務型プロ人材」によって中途社員４名をスピード採用！

企業名：株式会社 DATAKIT
設立年度：２００３年４月28日
従業員数：16名（２０２３年３月末時点）
事業内容：自社システムの開発・販売・サポート、システムおよびソフトウェアの受託開発、業務コンサルティング

企業が抱えていた課題

・採用実務に関する社内知見が少ない
・経営層と同じ目線で考え、マネジメントが行える人材が不足

DATAKIT 様は、神戸を拠点にリフォーム・建築業に特化したクラウド型の統合管理シ

ステムの提供・開発や、業務コンサルティングを行う企業です。

同社のいちばんの課題は、社長に次ぐマネージャーレベルの人材不足でした。社内にはさまざまな課題が山積しており、経営層と共に実効的な改善策を打ち出せる人材を必要としていました。社内は若手の割合が多いこともあり、幹部候補はなかなか育っていない状況でした。

また、一部の業務に対する質・量のリソース不足も課題で、社員1人ひとりの業務量は増え、優秀な社員に仕事が集中する悪循環が生まれていました。人事採用やマーケティングは、知見のない社員がほかの業務と兼務しながら担当していました。専門性のあるプロに担当してもらうことによって、社内の負担も解消したいという意図もありました。

その中で求めた人材は、「実務もこなしつつ、プロの意見でアドバイスしてくれる人」です。顧問やコンサルタントは、実務的な仕事をしてもらえない点がネックでした。採用業務なら、戦略立案はもちろん、スカウトメールなどの応募者とのやりとり、募集要項の調整など細かい実務があります。これらも含めた一連のオペレーションを支援できる人として、採用人事のプロ人材に依頼しました。

アサインされたプロ人材

・Nさん（40代男性）

新卒で食品大手メーカーのサントリーホールディングスに入社。半年後には同期最速でエリアリーダーに昇格。その後東京都教員採用試験に合格し、高等学校の教員を2年間経験。2015年4月にビズリーチに入社。同年10月までは大手企業向けの人事採用コンサル担当に従事。同社史上2番目のスピードで月間売上1000万円を達成。実績を評価され、マネージャーに昇格し、部下14名のマネジメント。その後独立し採用戦略の立案から、説明会設計、採用フローの構築、採用ツールの選定、採用実務、採用ブランディングなど採用の企画・立案・実施までを一気通貫でサポート。

DATAKIT様に人事採用としてアサインされたNさんは、採用の戦略立案から実務までのフルサポートを得意とするプロ人材です。従業員を抱える法人代表も務めており、豊富なマネジメント経験もありました。ご自身の会社のスタッフ4名をアシスタントとして活用し、同社へのサポート体制を構築しています。

エージェントの紹介、新卒・中途採用者の外部研修先の提案、評価制度の壁打ちなど、採用・教育・研修・評価と、採用だけにとどまらず人事業務全般を支援。採用業務のスカウトメール作成を例に挙げると、企業が採用したい職種を伝えるだけでNさんが同社に合うターゲットを具体的にピックアップ。単に決められた業務を遂行するのではなく、同社の課題を洗い出した上で採用のためにいま何に取り組むべきなのか、プロならではの視点で明示し、同社の要望に寄り添った提案をします。

業務は週1回30分~1時間ほどのオンラインミーティングで進捗を確認しながら進め、業務の達成度は目標値や指標を設けて確認。採用の指標は、スカウトメールの送信数などを参考にしているそうです。フルリモートでの稼働ですが、ミーティング以外でも毎日密に連絡を取り合っています。「いつも惜しみなく知識を提供してくれるので、些細《ささい》なことでもつい聞いてしまいます」「Nさんの対応はいつも親身で丁寧です。人柄も素晴らしく、とても良い方にジョインしていただいたな、と社員一同感じております。社員には言えない相談も気軽にでき、頼りがいもあります」というコメントもいただいています。

Nさんの採用の決め手は、以下の2点でした。

・同社のミッションやビジョンへの共感を持ったこと
・同社代表自身がプロ人材の働く姿勢やこれまでの実績に共鳴できたこと

キャリーミーのプロの即戦力スキルがマッチしたことはもちろん、このパートナーとなら成長できると、互いに信頼できたので契約を決めたそうです。

生み出された成果

・転職サイトの閲覧数上昇で、応募率６％・「気になる応募」15％アップ
・２週間で採用フローを立ち上げ、半年で４名採用

Ｎさんが稼働してから半年で４名の中途採用に成功しました。同社からは「ビジョンやミッションを共有できる優秀な人材に出会え、とても満足しています」と感想をいただいています。

勝因は、十分な応募者の母数を確保できるようになったことです。Ｎさんが稼働して以降、転職サイトの閲覧数が伸び、応募率が６％、「気になる応募（応募者が気になる企業

を登録できる機能)」が15%に増え、求人が上位に表示されるようになりました。それまでは書類選考や1次選考で不採用にするケースがほとんどでしたが、優秀な人材の応募が増え、最終選考の実施率がアップしました。

また、Nさんが採用業務全般を主体的にフォローすることで、社員の業務負担が一気に減り、それまで手探りで行っていた仕事を、的確に進められるようになりました。

同社はNさんの短期間で結果を出すスピード感も高く評価しています。2回ほどのキックオフミーティングで採用フローが固まり、経営層と同じ立場で募集要項や求める人物像をチューニングしています。

パターン②　マネージャーアサイン型

PM（プロジェクトマネージャー）としての役割を果たすプロ人材を投入するパターンです。企業の課題や要望によってはＣＭＯ（最高マーケティング責任者）クラスがアサインされることもあります。

プロ人材自身が必要な施策を考え、チームを指揮し、施策を運用していきます。

現在、このタイプを活用している企業は増えています。その理由の１つが、リーマンショックの際、各社が新卒の採用を控えたことにあると考えています。当時の若年層が入社しなかったことで、現在のＰＭクラスに当たる35～40歳前後の人材が不足している。これは、日本全体に言えることです。

また、プロ人材がＰＭとしてチーム運営を行うことで、会社内にノウハウが蓄積しやすくなるといったメリットもあります。

●導入事例　「マーケティングのプロ」が自社サイトを全面的にリニューアル

企業名：株式会社システムシェアード
設立年度：2007年7月2日
従業員数：374名（2023年11月末時点）
事業内容：IT研修、システム開発

企業が抱えていた課題

・マーケティングの専門家がおらず、最適な打ち手がわからない
・3つの自社サイト（コーポレート、新規事業、採用）のディレクション

システムシェアード様は、主に中小・ベンチャー企業向けに、IT支援や教育支援、開発支援を行う会社です。

同社はさまざまなケースで累計15人以上のプロ人材を活用しており、今回フォーカスするのはマーケティングです。同社にはマーケティングの専門家がおらず、どこに課題があってどういう打ち手がベストなのか見えていませんでした。また、マーケティングのノウハウが社内にないため、社員の育成は難しいと判断し、プロ人材に依頼しました。

アサインされたプロ人材

・Kさん（40代男性）

中国にて広告プランナーを約2年、外資系広告代理店にて同じくプランナーを約7年経験。その後博報堂に入社、クリエーティブプロデューサーとして約4年勤務した後、独立。2015年ACCグランプリ総務大臣賞を受賞。広告媒体はTVCM、ウェブ、雑誌、新聞、交通、イベント、販促物など多岐にわたり、制作だけではなくマーケティングに関わるCRMのためのシステム開発も、フロントエンド・バックエンド両面からサポート。

P&G、メルセデス・ベンツ、ゴディバ、GSK、ヤマハなどの大手・グローバル企業から中堅企業までのプランニング&制作ディレクションを牽引してきた。独立後も、花王、第一三共ヘルスケア、化粧品会社やIT企業、地方自治体などを担当し、10億円規模の売上を30億円規模にアップ、過去最高売上を記録。

Kさんはシステムシェアード様で主にウェブサイトからのブランディング集客、全体の統括を担当。特に活用し切れていなかった自社サイト、具体的には①自社全体、②教育事業「東京ITスクール」、③採用の3サイトについてリニューアルのディレクションを行いました。

同社では、プロ人材との面談時、課題に対して行動に移せるかどうかを重視しているそうです。Kさんが同社の課題を踏まえて、「こういう施策をすればこんな成果が見えます」と具体的に示してくれたことで、アサインを決めたそうです。

生み出された成果

・コーポレートサイト、サービスサイト、採用サイトなどを全面リニューアル
・プロ人材がCMOに就任、マーケティング施策の統括に

Kさんは同社の見せ方は何が足りないのか、どんな要素が必要なのか、経営メンバーとの1からのディスカッションを主導。また、LPのリニューアルやミッション、ビジョン、バリューの選定もサポートしています。

システムシェアード様はKさんにCMO就任を打診し、マーケティング施策全般を統括してもらうようになりました。ご担当者様からは、「Kさんには、当社の今後の在り方を大きく見直していただいています。経営陣の信頼もかなり厚いです」というコメントをいただいています。

パターン③－1 組み込み型（本業に組み込み）

主に自社にリソースが足りない場合に、プロ人材に自社の社員のように稼働してもらうタイプです。こちらは、本業としている事業にプロ人材を組み込む場合と、本業を補完する事業を新たに立ち上げ、そこにプロ人材を組み込む場合があります。

まずは、前者について説明します。

例えば、ＩＴツールを販売している企業でＡという商品と、Ｂという商品を取り扱っていたとします。Ａは自社の社員が担当し、Ｂについては、ツールの営業、導入、アフターサポートといった一連のサービスを、プロ人材だけのチーム、もしくは正社員とプロ人材のチームで請け負うといった活用法です。会社の一部のサービスに、プロ人材チームがパッケージとして組み込まれているイメージです。

●導入事例　「カスタマーサクセスのプロ」によってアポ獲得率を３・６倍に！

企業名：CrossBorder 株式会社
設立年度：２０２１年7月29日
従業員数：１１３名（業務委託含む）（２０２３年11月1日時点）
事業内容：ＩＴ研修、システム開発

企業が抱えていた課題

・顧客が増えている一方で、カスタマーサクセスの体制が整っていない
・事業のスピード感を落とさないために、即時入社できる即戦力を確保したい

CrossBorder 様は、ウェブ行動履歴データを活用した営業手法「インテントセールス」を実現するツール「Sales Marker」を提供する会社です。同社の共同創業代表４名は「Forbes

30 Under 30 Asia」（「Enterprise Technology」部門）に選出され、革新的なＳａａＳ企業として注目を集めています。

同社ではお客様が順調に増えていく中で、お客様を支援するＣＳ（カスタマーサクセス）の体制を強化したいと考えていました。ＣＳ業務には顧客分析が欠かせないため、お客様の課題を特定するスキルと課題解決能力を持つ即戦力を求めていました。

中途社員採用でも優秀なスキルのある人材を獲得することはできますが、どうしても時間がかかります。同社は事業初期フェーズにあり、月単位で状況が大きく変化するため、即時入社できる人が必要でした。

クラウドソーシングなどでも短期間で副業人材をアサインすることはできますが、副業人材は稼働時間に限りがあります。そこで、コア業務まで可能な稼働時間を確保できるプロ人材に依頼しました。

アサインされたプロ人材

・Ｍさん（30代男性）

専門商社、飲食、営業代行会社の営業、営業事務などを経て独立。独立後は法人営業による新規開拓だけでなくカスタマーサクセスに多く従事。オンライン診療システムのCSでは、10社程度のオンボーディングを同時に実行。カスタマーボイスを社内に落として、サービスの質を上げるきっかけづくりに尽力している。

Mさんの業務内容はサービスを導入していただいたお客様へのオンボーディング、サービスを活用した施策の提案、実装ディレクション、実装した施策に対するレポート作成などが中心です。

週4〜5日の稼働ペースで最大20社程度のお客様を担当。当初は週3日稼働でしたが、パフォーマンスが高く、CrossBorder様からのリクエストで稼働日数を増やしました。新たにジョインしたメンバーの入社オンボーディングもサポートしています。

MさんはCSだけでなく、さまざまな業種でのセールスや新規事業の組織構築の経験を持っていました。その点が同社のサービス提案に生かせるということで、契約につながりました。

また、同社ではMさんの自走力の高さも評価しています。同社の勤務はリモートワークが中心で教育のリソースがないため、自ら考え主体的に行動できる力があるかが非常に重要とのことです。

生み出された成果

・クライアントのアポ獲得率が3・6倍に改善
・契約更新時期のクライアントにアップセルを実行し、顧客単価アップに成功

Mさんの稼働後、アポ獲得率は1％から3・6％へ改善しました。テレアポの受付突破が課題だった案件では、問い合わせフォームを活用した施策を提案するなど、お客様の商材理解から現状分析、的確なターゲティング、施策提案を一気通貫で行ったことで、大きな成果に結び付きました。

また、契約更新時期のお客様に対して、グレードの高いプランへの切り替えを提案し、月額利用料を10万円程度引き上げた例もあります。CSのスキルだけではなく、セールス経験も生かすことでアップセルにも貢献しています。

CrossBorder様では、Mさんなどの業務委託のメンバーを含めたCSチーム全体の定例ミーティングを週2回、個別のメンバーと行う1on1を週1回行い、案件の進捗などを

確認しています。業務の進捗はクラウドツールを活用。ツール内にプロジェクトページを作成し、必要なタスクとその目的、達成までの課題、今後のアクションなどをまとめています。プロジェクトごとに期限を設定して一覧にすることで、進行中は何か、遅れている業務は何なのか、現状を常に可視化しています。

同社の業務委託メンバーは、社員数の約1・5倍です。過去には、取締役以外の全員が業務委託という時期もありました。業務委託を積極的に活用するのは、業務委託は勤務時間がフレキシブルなので、スピード感を持って事業を進められるからだそうです。

日中・夜間・休日それぞれの時間帯で稼働できる業務委託人材をアサイン。正社員が働けないぶんをフレキシブルに稼働できる業務委託人材にカバーしてもらうことで、事業スピードを24時間365日落とさないという戦略を実施しています。

また、同社では業務委託から正社員になったケースも複数あり、業務委託は正社員採用の1つの手段にもなっています。

パターン③ー2　組み込み型（補完事業に組み込み）

組み込み型の2つ目は、主にBtoB企業において、自社の本業に加え補完できる事業を生み出し、そちらをプロ人材に依頼するパターンです。

本業＋補完事業で、企業価値を大きくしていきます。

●導入事例　複数のプロ人材活用で補完サービスを自社のリソースゼロで構築

企業名：株式会社ネタもと
設立年度：2000年
従業員数：70名（2023年11月1日時点）
事業内容：広報プラットフォーム

企業が抱えていた課題

- クライアント側の知識不足で自社サービスを生かし切れてもらえていない
- クライアントへの広報トレーニングのサービスを新たに立ち上げたい

ネタもと様は、ニュースとなり得るネタ提供先を探すメディア関係者と、メディアへの掲載を望む中小企業のマッチングプラットフォームを運営している会社です。
中小企業側に広報の基礎知識が少ないことが理由で、報道関係者が中小企業に興味を持たない、つまり、広報プラットフォームを中小企業が使っても、メディア露出につながらない可能性がありました。

アサインされたプロ人材

・Yさん（40代女性）
ＰＲ代理店の共同ＰＲや、フラップジャパンなどＰＲ経験20年以上。現在は沖縄県に住み、フリーランスとして沖縄県の官公庁や企業、東京など県外の法人のＰＲのコンサルティングや実行支援をしている。

ネタもと様で稼働しているプロ人材は、常時20名を超えています。同社では中小企業に対し、広報のプロ人材を活用した「広報のトレーニングサービス」を補完サービスとして２０２０年から開始しました。各クライアント企業に広報トレーニングを案内しており、その実務をプロ人材に依頼しています。

生み出された成果

・クライアントの成果が出やすくなった
・クライアントの満足度が上がり、本業サービスの継続率が改善

企業は広報トレーニングを6カ月間受けた上でプラットフォームを活用できるので、成果が出やすくなります、これにより、顧客の満足度と本業サービスの継続率は高くなり、売上も大きく上がりました。

パターン④　内製化型

ノウハウ不足の企業が、内製化や正社員の育成を主目的としてプロ人材を活用するパターンです。

例えばマーケティング施策の細分化を図るとき、「SEOは得意だが、SNSは不得意」など不得手な分野があると、「自社で学ぶよりもプロを導入したほうが、時間をコストとして考えると低い」という企業が多いようです。ただし、成果と内製化の両方を狙って依頼するケースもあります。

●導入事例　プロ人材がプロジェクトを先導し、２つの新規事業を迅速に立ち上げ

企業名：Ａ社（某大手ＩＴグループ会社）
事業内容：デジタルコンテンツの企画・制作会社

企業が抱えていた課題

・新規事業立ち上げのノウハウとリソースが不足
・外注ではなく内製で立ち上げたい

Ａ社は、某大手ＩＴグループ会社としてデジタルコンテンツの企画制作を行っています。Ｗｅｂ３領域での新規事業を立ち上げたいが、ノウハウとリソースの両方がないという課題がありました。社内には新規事業立ち上げ経験者は１名のみで、Ｗｅｂ３の知見はほとんどない。できればコンサルティングや外注ではなく内製で立ち上げられる体制にした

いが、中途で人材を採用しようとしても、優秀層の雇用は困難を極めていました。

そこで、Web3領域に詳しく、かつ新規事業立ち上げ経験が豊富で、コンサルタント業務ではなく実務を実行できるプロ人材を2名アサインしました。

アサインされたプロ人材

・Oさん（40代男性）
NTTドコモにてiモード事業立ち上げなどに10年関わる。その後、リクルート、起業、楽天、Amazon、カプコン（執行役員）を経て、再度NTTドコモに戻り新規事業開発・推進を担当。プロ人材としては、スタートアップや大手企業の新規事業開発領域で複数社の実績あり。

・Tさん（40代女性）
総合商社双日にて新規事業立ち上げを経験後、サイバーエージェントに転職、事業プランコンテストにて「グランプリ賞」受賞。ほかにVOYAGE GROUPにて複数の事業立ち上げや、某スタートアップ取締役を経験後、個人事業主として独立。プロ人材としても複数の大手企業の新規事業開発の伴走プロとして活躍中。

2名のプロ人材は、経営陣へのヒアリングや調査、新規の提案は当然ですが、実行部分も正社員と一緒に担いました。具体的には、パートナー企業・アライアンス企業の発掘からそこの折衝、プレスリリースの作成、メディアへのアプローチ、新規開拓のための営業先アプローチなど。場合によってはイニシアチブを取って先導していきました。

生み出された成果

・2つの新規事業を立ち上げ
・社内でPDCAが回せるように

迅速に新規事業プロジェクトが発足しました。親会社の承認も得て、無事に2つの新規事業が立ち上がっています。

また、それらの結果を経営陣に報告後、ピボットや事業の微修正などの提案など、提案から実行まで一気通貫でできるようになりました。このように、プロを含めた社内でPD

ＣＡを回せることも大きな成果になっています。

パターン⑤　チーム型・外注型

「PMクラス＋実務担当者」というように、複数のプロ人材をチームとして企業に投入し、キャリーミーがプロジェクトを管理するパターンです。企業が提供しているサービスを、丸ごとプロ人材チームが受け持つことになります。

こちらの場合も、プロ人材が企業にとって必要な施策を考え、チームを運営します。本章でご紹介している中で、最も外注に近いパターンです。

●導入事例 3人のプロ人材を活用して、マーケティング機能を丸ごと依頼

企業名：Check Inn 株式会社
設立年度：2021年10月1日
事業内容：宿泊施設向けのオールインワンシステム

企業が抱えていた課題

・マーケティングのノウハウ、人手不足
・何から手をつけて、どう組織をつくっていけばいいかわからない

B社はホテルなどの宿泊施設向けのツールを提供している会社です。とにかく人手が足りないという課題を抱える一方で、「2023年までに、300施設へのシステム導入を目指す」という目標を掲げていました。

ＢｔｏＢマーケティングに強い人材を探しており、ある企業からは週末に稼働する、いわゆる「副業人材」を紹介してもらったことがありました。しかし、平日にコンタクトが取りにくいのと、マーケティング部署がない中にアサインしてもワークするとは考えにくく、不安を感じていました。

そこで、プロジェクトマネージャーを1名、ＳＥＯディレクターを1名、広告の運用担当者を1名、計3名のプロ人材をチームとして導入しました。

アサインされたプロ人材

・Eさん（40代女性）

サイバーエージェント、博報堂出身。大手航空会社のＬＩＮＥ運用経験有。三井不動産・大型物件プロモーションにおいて、ウェブマーケティング（ＬＩＮＥビジネスコンタクトとフェイスブックを活用したリード獲得施策）により、社内賞を受賞。資生堂や講談社ほか、さまざまな企業のプロモーション企画立案から実施までを経験。

・Tさん（20代男性）

ＢｔｏＢにおける受発注ＳａａＳ・ＥＰシステムの販売促進を担当し、マーケティング部署の立ち上げ期から参画。マーケティング責任者に就任後、ホームページ問い合わせ数２００％、会社全体リード数３００％越え（月30件→１００件）を達成。マーケティング戦略設計、企業のマーケティング目標（リード数）９カ月連続達成。オウンドメディアを立ち上げ、半年でＰＶ数10倍増（月間４０００ＰＶ→４万ＰＶ）。

・Wさん（30代男性）

大手バーティカルＳａａＳ企業に在籍し、マーケで広告運用を主に担当。新規リード獲得数：昨対比３００％増、また自社新規サービスの立ち上げに携わり、月平均50件の新規リード創出。売上昨対比２００％増を成功させた。

３人のプロ人材の中には、別の会社で働いている正社員もいました。けれども、平日も稼働できること、優秀かつ実績もあること、そして、ＰＭを軸として３名チームとして導入することで「安心して任せられた」とお話しされていました。

パターン⑥ 外注コントロール型

主にノウハウが足りない企業で、**取引先とのやり取りにおけるマネジメント・ディレクションを目的としてプロ人材を起用するパターン**です。「外注先をすでに活用しているが必ずしも満足できる成果ではない」、ただ「その外注先を解約するほどでもない」という場合です。

例えば広告会社に外注しているけれど、なぜかうまくいかない。しかし、発注側にその知見がなければ、何が悪いかもわかりません。そのようなとき、マーケティングの知見があるプロ人材が加わることで、**課題の再定義、制作進行、品質・予算管理など、適切なディレクションを行えます**。

●導入事例　2名のマーケティングのプロにより、集客2倍、オーガニック検索数3倍に

企業名：株式会社ポピンズシッター
設立年度：2014年7月
従業員数：14名（2023年10月時点）
事業内容：子育て支援サービス

企業が抱えていた課題

・赤字状態の経営を立て直したい
・マーケティングの戦略立案や施策を主導できるリソースがない

ポピンズシッター様は、35年以上続く保育業界では最大手である株式会社ポピンズ様が、シッター事業を2017年に子会社化したことでスタートしています。

プロ人材アサインを検討し始めた2019年頃は、社員数が3名で赤字経営でした。事業計画を見直さなければ赤字を積み上げ続けることは明らかで、事業の戦略づくりから実行までの経験値がある人材が必要でした。しかし子会社化されたばかりで知名度がなく、優秀な人材の確保に苦戦していました。

同社の担当者自身が以前に業務委託で仕事を請け負っていた時期があり、社長に業務委託人材を提案。「年収400万円の社員を複数人採用したとしても、すぐに社内の重要な戦略を立案することは難しい。ならばプロ人材を週2日程度雇えば、難しい業務も早く正確に進む。結果的にコストもペイできるのでは」という考えから、プロ人材の活用が決まりました。

アサインされたプロ人材

・Sさん（30代女性）

三菱UFJモルガン・スタンレー証券で法人および個人向け営業経験後、リクルートマーケティングパートナーズでゼクシィの法人営業を担当し、MVPを複数受賞。ゼクシィ時代のクライアントからエステサロンの事業立て直しの依頼を受け、店舗運営に3年ほど従事し事業売却。その後家事代行サービスおよび別のＳａａＳ系事業会社にて法人営業、事業立ち上げ、ウェブマーケティング業務を担当。その後、独立。ＳＥＯ、ＭＥＯ、広告運用、ＬＩＮＥマーケティングなどを軸に、企業様の状況やゴールに合わせて支援。

・Tさん（40代女性）

パソコン雑誌・ライフスタイル誌の編集、オールアバウト社でのウェブプロデューサー・ディレクターを経て起業。子育て関連のウェブメディア、アプリを開発。ウェブメディアは、妊娠女性の3人に1人が利用するまでに成長。２０１２年赤ちゃんの毎日を記録するアプリをリリースし、２０２１年5月にバイアウト実績あり。

ポピンズシッター様は、Ｓさんにウェブ広告のプランニングを依頼。具体的には、顧客となる保護者、働き手となるシッターを集客するための広告戦略立案や、広告代理店のディレクションなどです。

Ｔさんには SEO担当として保護者向けコンテンツのＳＥＯ課題の洗い出しからコンテンツ内容の改善まで、ＳＥＯコンサルティング会社と共に検討してもらいました。

Ｓさんの広告運用のＫＰＩは、事業戦略をもとに同社の担当者が設定。Ｔさんの場合、

SEO対策のキーワードやコンテンツ内容によってタスクが異なるため、ご本人と相談しながら状況に応じてKPIを設定しています。

さらにそれぞれのKPIにもとづき、3カ月ごとのマイルストーンをプロ人材と決め、2〜3週間に1回ほどのミーティングで進捗を確認。事業課題を共有し、目標設定を明確にしました。同社担当者は広告代理店やSEOコンサルティング企業との打ち合わせもすべて2人のプロ人材にお任せし、必要最低限のミーティングのみ実施しました。

アサインの決め手は、同社の事業に関連した経験を持っていたことでした。面談時には一歩踏み込んだ質問を行うなど、同社の課題を的確に理解し、課題を解決するための能力の高さも感じたそうです。「お2人がいなかったらいまのポピンズシッターはない」というお言葉を頂戴しました。

生み出された成果

・保護者の流入数1年で2倍、シッター候補者1年で3倍
・記事制作数5倍、オーガニック検索数1年半で3倍に

Sさんのジョイン以前は広告運用の分析ツールを有効活用できず、広告運用の指標として欠かせないCPA(Cost Per Acquisition:顧客獲得単価)も把握できていない状況でした。Sさんに現状の課題点を把握してもらうことで、パラメーター設置などの広告運用の「土台」づくりから整えることができました。結果、保護者の流入はCPAを維持しながら1年で2倍、シッター候補者の流入は1年で3倍に増やすことができました。

Sさんが広告代理店とは異なるアプローチでプランニングを提案したことも、成果の一因でした。一般的に広告代理店は自社で持つプランの提案がメインであることが多いという印象を持っていた同社は、きめ細かいプランニングを行ってくれたと満足されていました。

Tさんに依頼したSEO対策では、それまで制作できた記事が100本前後だったところ、Tさんの稼働後は500本前後に増やすことができました。コンテンツが充実したことでオーガニック検索数は1年半で3倍に伸び、集客に大きく貢献。広告とオーガニック検索数の流入対比も逆転しました。

保護者向けコンテンツのSEO対策は一区切り付いたため、現在はシッター候補の集客に向けたSEO対策やコンテンツ制作のディレクションを依頼しているとのこと。シッターになる上での不安を払拭できるようなコンテンツ設計をしています。

以下、同社からのコメントです。

正社員はどうしても育成に時間がかかります。プロ人材は即戦力として戦略立案から依頼できます。その方向性に沿って正社員が戦術を実行すれば、さまざまな取り組みがよりスピーディーに進むのではないでしょうか。

特に既存のものの改革や新しいものをつくり出したい場合、正社員だけでは限界があると思います。1つの組織で長く経験を積む正社員は、経験の幅や視野が狭くなりがちだからです。変革や創出の戦略づくりは高い経験値や専門知識のあるプロ人材に任せ、実際のタスクは正社員が行うとスムーズだと思います。

とりわけ、マーケティングは頻繁に変革が必要とされる分野です。トレンドが急速に変化し新しいナレッジが次々と生まれるため、専門外の正社員が対応していくのは困難だと思います。

プロ人材の導入の流れ

キャリーミーでは、基本的にクライアントとなる企業にまずヒアリングをし、プロ人材との面談・面接を行っていただいた上で、稼働を開始します。

①ヒアリングとディスカッション

ヒアリングは、企業の状況によっては不要なこともあります。例えば広告会社が大型案件を受注し、社員が手一杯で「この広告を運用できる人を、とにかく早く入れてほしい」といったような、リソースが足りないケースです。素早くアサインすることが重視されるため、細かいヒアリングをスキップします。

反対に「3年後に実現したい未来がある」「けれども、そこに行き着くための方法や課題が明確でない」といったケースでは、しっかり企業側にヒアリングを行います。

「現在はどの地点にいると思われますか？」

「目標は数値にするとどれくらいですか？」

「過去にどのような施策を試されましたか？」

「現在はどのような組織体制ですか？」

「どんな会社に、どの部分を外注していますか？　うまく機能していますか？」

「目標を達成するためには、どのようなことが必要ですか？」

「本当にそれだけで達成できますか？」

「他社はこのような解決法で成功していますが、どう思われますか？」


ヒアリングの結果、企業側が課題だと思っていたことが、実は本当の課題ではないことに気付いたり、目標に到達するためのルートが間違っていたりする場合があります。また、こうした議論をしながら、確実にお役立ちできるプロ人材を選ぶヒントも探ります。

以前、新卒の人材紹介を主な事業としている会社の経営者から、「中途人材の紹介事業を開始したい。そのためのウェブ集客を強化したいので、ウェブ施策の提案と、そこに紐《ひも》付くプロ人材を紹介してほしい」という依頼がありました。

ただし、ヒアリングの結果、このご依頼はお断りしました。「どういう法人に対して、どんな人材を紹介していくのか、そこでの自社の強みは何か」という戦略設計ができておらず、ウェブ施策の提案のステージではない、と判断したからです。

結果、まずは中途人材紹介の市場動向や競合調査、自社の強みなどから、どこに絞り込み、どの期間でどのくらいの売上と利益を目指すのかを描くことを提案しました。現在は、戦略を得意とするプロ人材を起点としてプロジェクトが発足。戦略策定の後、施策実行のプロ人材をキャスティングしていく、という形に落ち着きました。

プロ人材を紹介するだけではなく、それによって目標を達成してもらうのが私たちの仕事です。そこで行き違いが起きないように、ヒアリング、ディスカッションには時間をかけています。

②面談・面接

ヒアリング後、適切なプロ人材を推薦し、企業側との「面談・面接」となります。プロ人材の中には、この時点で提案書を作成してくる人もいます。

ヒアリングで導き出した課題はあくまで仮説であり、100%正しいわけではありません。プロ人材から「これだけ予算があるなら、SEO対策より、リスティング広告を出したほうが早い」「それなら、私よりも適任者がいるかと思います」と指摘されることもよくあります。面談・面接の場が、気付けば企業からプロ人材への相談の場のようになることもあります。

プロ人材としても「私なら、こうします」と提案し、その提案を受け入れてもらった上で業務に臨んだほうが仕事を進めやすくなります。企業側とプロ人材側の「Ｗｉｎ－Ｗｉｎ」な関係を構築できる可能性が高くなります。

このように、プロ人材は受注そのものよりも、その先の「相手の期待に沿った成果が出せるかどうか」が重要だと考えます。これが、「プロ」とそのほかを隔てる差なのかもしれません。

面談は、私たちにとっても大変貴重な機会になっています。

キャリーミーでは3社面談を7年間以上、累計５０００回以上実施しており、企業の課題や解決のパターンを蓄積しています。同時に、プロ人材のスキル（主に課題の理解力や提案力、コミュニケーション力）もデータベースとして蓄積されています。

そのことにより、「こうした課題」には「こうしたプロのこのスキルで」「この施策を実行することで課題を解決できる」という一連のパターンが構築され、これが強みとなって、年々マッチング率が高まっています。

先述のパターンのうちプロ人材をどのパターンで活用するかを決めるためには、ヒアリングと面談・面接に加えて、「業務の分解」が欠かせません。こちらについては、第3章で解説します。

いま、「正社員が採れない……」と悩んでいる方も多いと思います。それは自社だけでなく、日本企業全体の課題です。

けれども、私は人材不足という状況を、ある意味チャンスだとも思っています。正社員雇用だけでなく、外注、そしてプロ人材、もしくはITやAI活用と、むしろ、選択肢は増えています。台頭しているプロ人材は、急速に人数も増えているので、新しい外注方法やプロ活用の方法にいち早く気付いた企業こそが、一歩先に行けるのです。

プロ人材インタビュー②

プロ人材としての覚悟「成果にたどり着けなければ、誰のためにもならない」

石坂拓也さん

セミナー・SEO・コンテンツマーケティングなど、企画から実行まで対応できる万能マーケター。事業会社、広告代理店、事業統括の経験を有し、展示会・DM・広告出稿を含めて、BtoBマーケティング全般を得意としている。4回の転職経験があり、これまで内定を得た企業数は60社にのぼる。その経験を生かして、転職コンサルタントとしても活動中。

プロ人材として独立した理由は、2つあります。

直接的なきっかけは、転職活動をしているときに、ある企業から「業務委託で仕事を受けてみないか」とお誘いがあったことです。

もう1つは、私はこれまで4回の転職を経験しているのですが、どこへ行っても、長く働くにつれて「自分のスキルでお金を稼いでいる」という感覚が乏しくなってしまうためです。

プロ人材になるまで、私はマーケターという職種で、事業会社や広告代理店、SaaS

といったさまざまな業態の会社で働いてきました。どの会社でも、管理職として上の立場になればなるほど、他部署との調整や稟議を通すための下準備といった業務が増えてきます。その結果、マーケター以外の仕事が中心になってしまいます。プロ人材になれば「これらの問題がクリアできるのでは？」と思ったんです。

実際に独立してみると、プロ人材は業務内容・期間・報酬が明確にわかります。広告なら広告、イベントならイベントと、分野ごとに発注されるケースが多いです。そのため、自分のリソースを1点に集中させることができます。同時にご依頼いただいた場合も「この稼働時間で、この日までに成果を出すのなら、ここに絞らせていただかないと難しいと思います」と、正直にお話しすることができます。

現在は常時6社くらいのお仕事を引き受け、週に5日稼働しています。そのうち1日は半休にしたり、転職コンサルタントとしても活動しているので、その仕事に時間を充てたりしています。

期限内に結果を出すのが、私たちの仕事です。プロとして、仕事を受け過ぎてしまったり、自信のない方法で案件を進めて結果が出せなかったりしたら本末転倒です。「こうしたほうがよいのでは？」としっかり主張することも、私の責任です。

そうは言っても、頑《かたく》なに「これは、自分の業務ではありません」と線を引いてしまうのも、ダメだと考えています。

私は、マーケティングの中でも、セミナーの企画・運営を得意分野としています。「当社のセミナー内容を企画してください」と依頼されたときに、蓋を開けてみると、そもそも集客が上手くできていなかったり、広告にもテコ入れが必要だったりするケースがあります。また、セミナーを運営するメンバーの育成が不十分なこともあります。

そのようなときに「私の担当は、セミナーの企画だけだから」とセミナー以外の部分を放っておくと、自身の結果にも悪い影響を与えます。こういった場合は契約内容に固執せずに、「どんどん、入らせてください」とお伝えするようにしています。

私が、企業のお手伝いをさせていただく際、大きく分けて、アドバイザーとしてサポートするパターンと、メンバーとして入るパターンがあります。

アドバイザーのケースでは、先方のお悩みに対して解決案を提示したり、定例会議の場で従業員の方々に課題を出して、その結果についてフィードバックしたりします。

メンバーの場合は、ある目標に対してチームの一員になり、伴走していくことになります。「いま、上長は何に対して課題を感じているのか」「どういうふうに話すと、提案が通りやすくなるのか」など、組織の力学も意識することになります。組織風土を無視してしまうと、せっかく良い案があっても、採用されにくくなってしまいます。

プロ人材として働き続けるためには、自分の専門分野を持つことが大切だと考えています。私は、「SEOや広告戦略も得意ではありますが、最も強く打ち出しているのはセミナーの企画・運営です。

セミナーは奥が深く、申込者を集める段階から、集客のためにサイトへの流入を増やしたり、メルマガやリマインドメールを送ったりと、セミナー施策以外のマーケティングの知識も要します。本番となるセミナー当日だけでなく、関連スキルも一緒に提供できることが、私の強みです。独立してから、年に50件以上のセミナーを企画・運営しています。

プロ人材の最大の魅力は、いろいろな会社と並行してお仕事できる点にあると思います。取引のある会社の数だけ、得られる知識・知見の量や種類も増えます。そこで新しいツールを知ることもありますし、かけがえのない仲間との出会いもあります。プロ人材になって、純粋に楽しいし、自分が成長しているという実感も得られています。

第3章

「業務の分解」で確実に成果を生む

「人材不足」は課題ではない

ここまでお伝えしてきたように、人口減少や転職市場の活性化などで、企業にとっての中途採用はどんどん厳しくなっています。逆に被雇用者側からすると、多くの選択肢から仕事を選べる売り手市場です。一度会社に入ったとしても、スキルがある人材ほど、その会社に満足できなければ、すぐにほかへ行ってしまいます。

こうした「人材不足」を、多くの企業が課題として感じています。しかし、人材不足は決して本質的な課題ではありません。

企業にとっての目標は、ビジョンを達成することや、そのための売上を伸ばすことです。それが実現するなら、必ずしも人を採用する必要はありません。**採用は、目標にたどり着くための、1つの手段に過ぎない**のです。

会社は、自社が実現したいことを実現するために経営を行っています。例えば当社の目標は、「2028年までに、累計1万社の課題をプロ人材で解決する」です。

しかし、会社を存続させていくためには、売上をつくり、利益を出さなければなりません。利益を出し続けるには、絶えず成長する必要があります。そのためには、取引先はもちろん、株主、従業員など、会社を取り巻く人たち全員に満足してもらうことができなければいけません。

それでは、具体的に何をすればいいのでしょうか。それが本来、企業が考えるべき「課題」です。そして本書では、**各課題を解決するために打つべき手を「施策」と呼びます**。

多くの場合、課題解決のためには、複数の施策の組み合わせが有効です。

例えば、「社名や商品・サービスの周知が足りない」ことが課題であれば、「広告を打つ」という施策が考えられます。同様に、「ブランドイメージが良くない」ことが課題なら、「広報活動」といった施策を検討します。

その広報活動も、SNS対応を強化する、既存媒体（テレビ等）のリレーション・露出を強化する、動画を制作してYouTubeなどで運営していく、オウンドメディアなどで自社の記事を蓄積していく、といったように複数の施策が考えられます。限られたリソースで運営していくためには、それらの組み合わせが重要になってきます。

施策をどう考えるかについては、後述します。まずは、企業の認識について、3パターンに分類して考えます。

①課題と施策が明確
②課題と施策がわからず、「わからない」ことに対する自覚はある
③課題と施策がわからず、「わからない」ことに対する自覚もない

①の場合、課題を解決するための施策が見えています。であれば、必要な予算、人材、施策などを揃えて、後は実行するだけです。しかし多くの会社が該当するのは、②もしくは③だと思います。その場合は以下の順で課題と施策を決定していきます。

①目標の確認
②戦略の策定
③課題の抽出
④施策の策定

課題を見つける前に、企業や部署、チームに明確な「目標」がない場合、まずはそこか

ら考える必要があります。

例として、当社の目標は、先述したように「2028年までに、累計1万社の課題をプロ人材で解決する」です。こうした世界観に関する目標があれば、「3年後に、売上を2倍にする」といった数値的な目標もあるでしょう。ここで考える目標はいずれのものでも問題ありませんが、**予算も人材も度外視して決める**ようにしましょう。現状の予算や人材だけで計画すると、どうしても小さな目標になりがちです。

その目標を達成するために必要なものが、「戦略」です。**戦略とは、自社の顧客や競合、強みなどを総合的に考えた上での、大まかな進むべきシナリオ、そこへの経営資源（お金や人）の配分**です。キャリーミーの場合は、法人側に「プロ人材で多くの課題が解決できること」を想起してもらい、かつ、個人側に「優秀な人が独立する際の選択肢として認知されること」です。

そうして戦略を策定し、**戦略を実行に移す段階で不足しているもの、「このままだと目標を達成できない」という部分が「課題」**です。現実と目標とのギャップを分析し、「この差を埋めるには、いつまでに、どうすればいいのか」を考えます。この現実と目標の差こそが課題になります。

そして「施策」は先述の通り、課題の解決を図る実施策です。「戦略を実行するための施策」

とも言い換えることができます。施策は通常複数あり、その組み合わせが重要になります。キャリーミーを例とすると、法人向けの広告やＰＲ施策、地方展開などがあります。また、多くのプロ人材は、プロ人材同士のネットワークを持っています。プロ人材に新たなプロ人材を紹介してもらう、という施策案も考えられます。

このように、まずは目標を立て、目標を達成すべき戦略を策定し、そこへの課題が見えてきたら、それを解消するための施策を選んでいきます。当然のことながら、目標が変われば、戦略も課題も施策も変わってきます。また、戦略の方向性によっても、選ぶ施策が異なります。

川の流れのように、上流から順番に考えていくようにしましょう。

図表③ 目標・戦略・課題・施策を明確にする（キャリーミーの例）

① 目標の確認：2028年までに、累計1万社の課題をプロ人材で解決する

② 戦略の策定：
- 法人にプロ人材で多くの課題が解決できることを想起してもらう
- 個人に優秀な人が独立する際の選択肢として認知される

③ 課題の抽出：2023年時点で累計2000社。あと5年でもう8000社増やす

④ 施策の策定：法人向けの広告やPR 地方展開

「成果＝戦略×施策×人」

当然ながら、企業が選ぶべきなのは、成果を最大限に高める施策です。私は、**「成果」とは「戦略×施策×人」の組み合わせで決まる**と考えています。

・戦略：課題解決や目標達成のために進むべき大きな方向性、そのための資源（人やお金）の配分
・施策：戦略を実行するための策。「戦術」と同義
・人：施策を実行する人

私が過去に所属していた土屋鞄製造所を例にします。

土屋鞄製造所は「時を超えて愛される価値をつくる」をコンセプトに、鞄職人が手仕事で仕立てた上質なレザーアイテムを提供しています。そのため、1点1点が高価です。お客様に価値をしっかり理解してもらうためにも、ブランディングに重きを置いて、経営資

源（人やお金）を投下していました（戦略）。

ブランドイメージを向上させるために、メールマガジンやオウンドメディア、パンフレットには、とても工夫を凝らしていました（施策）。クリエイターを多く起用し、1つひとつを読み物のように丁寧に制作します（人）。

ブランディングを構築するために優先すべき施策の組み合わせは何かを考え、後述するように、PDCAを回していました。その結果、土屋鞄製造所のストーリーに共感してくれたお客様がファンになってくださり、「もう一度購入したい」と、リピーター獲得につながりました（成果）。

「成果＝戦略×施策×人」の公式で、成果を上げるためのキーポイントになってくるのが「施策」と「人」です。この「施策×人」の部分、つまり「何を」「誰が」実行するのかを、私は「実行力」と呼んでいます。

これまで、ビジネスの世界では「戦略」が重要視されていました。しかし、昨今は外資コンサルティングファーム出身の戦略コンサルタントや、国内外のMBA保有者もたくさんいますし、戦略に関する本も数多く出ています。また、かつては、米国の経営手法を早く取り入れることが価値という時代もありましたが、それも各企業がインターネットですぐに学ぶことができ、優位性にはなりません。

いくら良い戦略があっても、実行力が弱ければ成果は半減してしまいます。戦略、施策、人は掛け算で成果につながるので、「施策」×「人」が50％であれば、戦略が完璧でもトータルで50％になってしまいます。これが戦略的なコンサルティングファームが提案する戦略が有効でなかった、思ったほどは功を奏さなかった、という要因の一部になっています。

このように戦略はあくまで道筋であり、どれを選ぶかは別としても、ある程度答えが似通ってしまいます。であれば、戦略に時間をかけるよりも「施策」と「人」に注力したほうが差別化、優位性を構築できます。

ただし、「戦略」も「施策」も同様に、仮説に過ぎないことに注意が必要です。顧客や競合の変化にフィットさせていかなければいけません。そして「戦略」や「施策」が有効に機能しているのか、変更すべきかどうか、どのように変更するかなどを判断するのは「人」です。「優秀な人が施策を実行している」というベースがなければ、検証のしようがありません。

ここで、「ＰＤＣＡサイクル」が重要になります。ご存じの通り、ＰＤＣＡサイクルとは、

Plan（計画）、Do（実行）、Check（評価）、Action（改善）の頭文字を取ったフレームワークです。PからAまでの一連のサイクルを繰り返し行うことで、継続的な業務の改善を促すものです。

ただ、「PDCAサイクルを回していても目標に到達しない」ということもあるでしょう。多くの場合、以下のような点が原因になっているように思います。

①P（計画）の段階で、仮説が間違っている
②一連のサイクルを長期間で回している
③サイクルを回す人が適切でない（検証できていない）

①はどのような企業にも起こり得ます。施策の成功率を上げることはできますが、それでも100％ではありません。

AIが発展したり、さまざまなITツールが生まれたりと、**企業を取り巻く環境は刻一刻と変わってきています**。第1章、第2章でお伝えしたように、大手企業も続々と新規事業を立ち上げています。例えば、GAFAM（Google、Apple、Facebook〈現・Meta〉、Amazon、Microsoft）が、メタバースと呼ばれる仮想空間における新サービスを次々に発表するなど、活動領域を広げています。極論すれば、これらの会社が突然、競合他社になることだってあり得ます。

このような社会の変化を踏まえて、多くのコンサルタントは「1年に1回は戦略を見直すべき」などと指摘します。私も同感ですが、戦略はもちろん、施策単位でも一定のタイミングでその前提条件を疑い、検証することが必要です。施策は戦略よりも高速に、可能であれば週次で、少なくとも月次や四半期ごとに検証すべきでしょう。

仮に、1年かけて最適な施策を見出しても、その瞬間にはすでに時代遅れになっている可能性があります。理想は、1～2週間ほどで施策を組み合わせ、その後、常に疑いの眼差しをもって検証していくことです。

そして仮説・検証をスピーディーに行うためには、ＰＤＣＡサイクルはできるだけ高速で回す必要があります。

企業が大きく改善できるのは、まず先述の②「一連のサイクルを長期間で回している」の部分です。ある仮説が「間違っていた」と気付くのに、1年かかるのと3カ月で済むのとでは、後者のほうが会社に与えるダメージははるかに小さくなります。

例えば「YouTubeが有効だと思っていたけれど、Facebook広告のほうが伸びていた」

と早期にわかっていれば、そこで切り替えることができます。「失敗するなら早くしろ」といわれるのは、こうした考えがベースにあるからでしょう。

もう1点注意しなければならないのは、③「サイクルを回す人が適切でない」の点です。施策が正しく、高速でサイクルを回していても、人材の能力が不足していれば、正しい施策にもかかわらず成果が出ません。その原因を「施策が悪かった」とするなど、うまくいきません。

これらを正しく判断するためにも、プロ人材の活用は有効です。その施策の実績がある人が運用しても効果が出ないのなら、施策が誤っている可能性が高いということです。施策が違うと判断できれば、その施策に紐付いているプロ人材とは別のプロ人材にアサインし直すという選択肢を取ることもできます。

正社員の場合は、日本の法律上「成果が出ない、もしくは施策を間違えたから交代(解雇)」という方針は適いません。業務委託契約だと活用開始も解約もしやすく、柔軟に体制を整えることができる。このメリットは強調してもし切れません。

さらに、プロ人材の活用が上手な企業を観察していると、プロ人材を社内に組み込んだ形で事業創造を推進していることがわかります。これまで組織にいなかった、リソースとスキル・得意分野を新たな経営資源として加えることで、特に新規事業や新サービスなど、新たに考え直すことができるようになるのです。

業務の分解を行うことの3つのメリット

なるべく高い確率でプロ人材の活用を成功させるために、欠かせないのが「業務の分解」です。業務の分解とは文字通り、各社・各人の業務をタスクレベルまで分解し、把握することです。キャリーミーにご依頼いただいた企業が業務の分解ができていない場合、初回ヒアリング時などに、併せて実施しています。

本書では、業務の分解を2段階で考えます。まずはビジネスモデル上の分解です。数学で習った「因数分解」をイメージしてもらうと、わかりやすいと思います。仮にEC事業の場合、「売上＝アクセス数×転換率×単価＋既存顧客×転換率×リピート時の単価」といったように分解できます。

次に、そこで分解された各因数を、さらに施策へと分解します。例えば、「アクセス数」という因数を上げるための施策として、モール出店、広告露出、アフィリエイトなどが考えられます。その中の「広告露出」を考えれば、デジタル広告とデジタル広告以外の広告に分けられ、デジタル広告であれば、さらに「ＳＮＳ広告」「リスティング広告」「YouTube広告」などに細分化できます。

また、本書では、主にプロ人材を活用するパターンを考えるために業務分解についてご説明していますが、この工程自体にメリットがあります。

①成功・失敗の要因を特定でき、ＰＤＣＡを回せるようになる

ＰＤＣＡを効果的に回せない企業は多くあります。その要因は、そもそもの計画や目標設定（Ｐ）が悪い、実行(Ｄ)をできる人材がいない、検証(Ｃ)できていない、改善策（Ａ）のアイデア出しや優先順位付けができない、などがあります。

そうして「売上が上がらない」と悩んでいる企

図表④ 業務の分解の例（ECの場合）

① ビジネスモデルの分解
売上＝**アクセス数**×転換率×単価＋既存顧客×転換率×リピート時の単価

② 施策への分解
・**アクセス数**を上げるための施策：「モール出店」「**広告露出**」「アフィリエイト」

・**広告露出の施策**：「**デジタル広告**」「デジタル広告以外」

・**デジタル広告**の施策：「ＳＮＳ広告」「リスティング広告」「YouTube広告」

図表⑤ PDCAを高速で回す

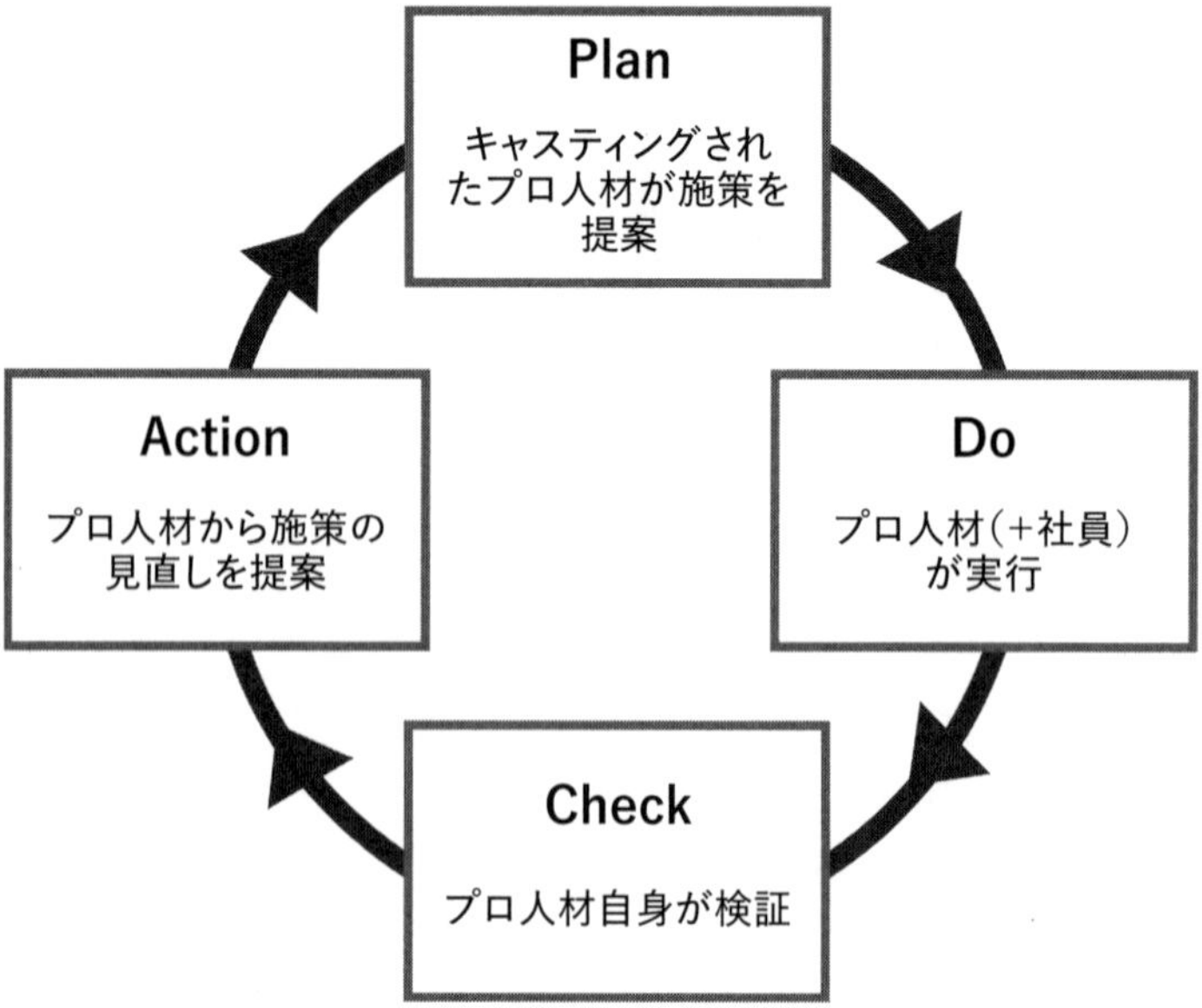

業は多いのですが、そもそも要素に分解できていないと、「なぜ、どこで成果が出たか、出ていないか」といった要因は見えてきません。

一例としてEC事業であれば、新規顧客からの売上が少ないのか、リピーターからの売上が少ないのか。新規売上はアクセス数×転換率×単価だとすれば、アクサス数が少ないのかそれ以外なのか。

因数に分解することによって、「どの因数に重きを置いて数字を伸ばせるか」ということも客観的に議論しやすくなります。

こうして「アクセス数」という因数を上げる施策として「モール出店」「広告露出」「アフィリエイト」の3つの重点施策に絞ったとします。その結果、どこからの流入が多くどこからが少ないのか、細分化すればするほど、要因を〝見える化〟できます。そうすれば、要因に対する施策を強化する、あるいは見直して検証することができます。

業務を分解することそのものが目的ではありません。分解することにより、自社に合う優先すべき施策の組み合わせを見つけ、成果の出る施策を運用しやすくなるのです。

また、営業時の「失注」など、失敗の分析をしっかりしている企業ほど成長しています。いわゆる「負けに理あり」です。「そんなの当たり前」と思っている企業も多いですが、多くは、失注理由を浅い分解で終わらせてしまいます。

- **競合に負けた**
- **クライアントの予算がなかった**
- **商談の相手が決裁者ではなかった**

「競合に負けた」のであれば、「今後より良い提案にするために、他社の提案資料を見せてください」とお願いするのもいいでしょう。もしくは、「どのような提案だったら、弊社にご依頼いただけましたか？」「貴社の課題を解決できる自信があったのですが、他社との比較でそれをイメージいただけなかったのだと思います。どういった点が欠けていましたか？」と、改善点を探っていくことが今後につながっていきます。

「クライアントの予算がなかった」も同様です。仮に１００万円の提案をしていて、クライアントの予算が50万円だったとします。クライアントは断る理由を「予算が50万円だったから」と答えるかもしれませんが、たとえ１００万円かかっても、それ以上の利益が出るとイメージできる提案をしていれば受注できたはずです。これを「予算のせい」としている時点で、分析はできていません。

「商談の相手が決裁者ではなかった」のであれば、決裁者に上申してもらえなかったのか、上申してもらったけれど失注したのか。

前者であればなぜ上申してもらえなかったのか、どうすれば上申してもらえたのか。後者であれば、決裁者にどのような形で伝わり、どのような理由で失注したのか。

このように、どんなことでも細かく分析した上で改善していかなければ、個人の力も、組織の力も、もちろん業績も伸びていきません。

②大きい目標を達成しやすくなる

いきなり「売上を2倍にする！」と言っても困難に感じる方が多いでしょうが、分解すると簡単に感じられることがあります。Googleが導入し、日本でも話題になっているＯＫＲの概念も、基本は分解の考え方です。大きい目標（Objectives）を小目標（Key Results）に分解することで、達成に近づけるという概念です。

ビジネスモデルを因数に分解すると、必ず掛け算が含まれます。営業であれば、「1人当たりの電話営業の回数×電話を掛ける人数×1人当たりのアポイント獲得率×商談からの受注率×単価」が売上となります。単純に考えれば、各因数を2割ずつ上げれば、合計は約2・5倍になります。

ただし、こうした目標設定はお勧めしていません。優先すべき因数と優先順位の低い因数のメリハリを付けるべきです。

③生産性を上げることができる

業務の分解は、施策を決定できるだけでなく、個々人の生産性を上げることにもなります。

例えば、ヒアリングが得意なAさんがいるとしたら、アポ取りはほかの社員に任せます。Aさんは得意なことに集中でき、スキルもどんどん向上していきます。苦手な分野よりスピーディーにこなすこともできるでしょう。同じように、メンバーそれぞれが得意業務に集中することで、受注率がアップする可能性があります。

正社員の場合、「好きなことだけ」はなかなか難しいとは思いますが、仕事時間の中で得意な仕事の割合が多いほうが本人にとっても幸せですし、ストレスも軽減されます。個々人のモチベーションが上がれば、会社への定着率も上昇する可能性があります。

しかし、残念ながら日本の多くの企業では、業務の分解が行われていません。その結果企業にはびこっているのは「丸投げ文化」です。優秀な社員がいたら、その人に仕事が集中する。さらにその人が得意でない分野や雑務まで押し付けられ、能力のある人ほど疲弊してしまう……。

もちろん、すべての企業がこの限りではなく、業務の分解を実践している会社もあります。多いのが「定型業務」と「非定型業務」、もしくは「コア業務」と「ノンコア業務」に分ける方法です。「非定型業務は社員に」「ノンコア業務は派遣社員に」といった具合です。

ただ、これらの方法は確かに分類しやすいのですが、個々人の適性にもとづいた分け方は難しくなります。やはり、成果が出る施策に紐付く分解が理想です。

自社に有効な施策を見つける

業務を分解して、施策を考える。ただし、すべての施策を実行するわけではありません。リソースとしてもそうですし、効果のある施策と、そうではない施策があります。まずは、どんな施策が自社にとって効果が高いかを見極め、そこにリソースを集中するのが得策です。

まず、自社のビジネスモデル、つまり売上は何で構成されているか、その要素を書き出してみましょう。その要素同士が掛け算や足し算で構成されていることがほとんどです。売上を導き出す計算式を考えてみましょう。

例として、ＢｔｏＢの会社が「売上2億円を達成したい」という目標を掲げていたとします。この会社にはいま何が必要なのか、業務の分解をしながら考えてみます。

まずは、目標と現実の間にはどのようなギャップがあるのか、目標に到達するためには、何が必要なのか。現時点で思い付く限りの課題を書き出します。

基本的に、ＢｔｏＢの会社が売上をアップさせようと思うと、次の各要素を大きくしていく必要があります。

「受注社数×導入数（部やチーム等）×単価＋既存顧客数×新たな導入数×単価」

例えば、新規での受注社数を上げる場合、「リードが足りない」ことが課題なら、リード獲得のために考えられる施策は「広告露出」「ＬＰ制作」「展示会出展」「アウトバウンドの電話（テレアポ）」などが挙げられます。

それら施策の中の「広告露出」をさらに分解すると、大きくデジタル広告、デジタル以外のオフラインでの広告に分けられ、そこから「デジタル広告」であれば、ＳＮＳ広告、リスティング広告などに細分化し、さらに「ＳＮＳ広告」もYouTube、Facebook、Instagramと、さまざまなに因数分解できます。

同様の考えで「成約率が低い」ことが課題なら、営業担当のレベルアップや提案資料のブラッシュアップなどに施策を分解できます。そこから、「営業担当のレベルアップ」をさらに因数分解すると、エース営業マンの手法の標準化・マニュアル化、ロールプレイングの実施、研修といった形で、より具体的な施策が浮かび上がってきます。

分解ができたら、「どの因数を上げるべきか」を自社の戦略や目的と、アップサイド（とコストやリスク）の観点から優先順位を決めることをお勧めします。

「アップサイド」とは、シンプルに表現すると、成功した際にどこまで数字を上げられる可能性があるか、その上限のことを言います。当然、上限の高い選択肢にリソースを投入するのが望ましい、ということになります。反対用語として、どこまでのリスクがあるかを指す「ダウンサイドリスク」があります。この点も加味すると良いでしょう。

ここまで考えて初めて、社内に「Facebook広告」の適任者がいなければ新たに採用するのか、外部に委託するのか、プロ人材を活用するのかを検討できます。「とりあえず、Facebook広告を運用してみる」「だから、人を雇う」というのは、広告運用や採用が「目的」になってしまっています。発想が逆になっているわけですが、実際にはこうした企業も多いのではないでしょうか。

また、売上を上げるためだけでなく、採用にもこの考え方は適用できます。

例えば、中途人材の採用人数を最大化したければ、計算式は図表⑥のようになります。実際には、媒体も会社ごとに細かく分けるなどの工夫は必要でしょう。

例えば、当社の強み（戦略）が「優秀なプロ人材」だとして、プロ人材の登録者数を、現在の1・3万人から1年後に5万人まで増やす、という目的や戦略があるとします。

登録者人数の因数分解は、「母集団×キャリーミーの層に合致する率×アクセス数×登録率×優秀な率」となりますが、4万人近く増やそうとすると、母集団を大幅に強化しなければなりません。

かつ母集団はアップサイド（上限）がないので、この因数が有効ということになります。登録率をいくら上げてもおそらく上限は2倍くらいでしょうし、到底5万人には及びません。優先的に上げ

図表⑥ 採用目的での施策の考え方

中途人材の採用できる人数
＝
契約する人材紹介会社の数×その会社の稼働率×1社当たりの紹介人数×採用面接に進む率×オファー率×内定承諾率
＋
ダイレクトリクルーティングでのスカウト人数×返信率×面接に至る率×オファー率×内定承諾率
＋
（採用広報等の成果による）媒体におけるアクセス数×応募率×面接に至る率×オファー率×内定承諾率

※その他、自社ウェブサイトからの直接応募、リファラル採用等の施策が考えられます。

ていくべき因数は、母集団へのリーチ数ということになります。

別の例として、エンジニアを年間100人採用したい場合を考えます。採用したい人数が多い、かつエンジニアは採用しづらい職種なので、とにかく候補者層の数を増やすことが最優先事項のはずです。

そうした場合は、紹介会社数を増やす、媒体数を増やす、ダイレクトリクルーティングを実施できる会社と多く契約する、が優先事項となります。その後でスカウト数や人材紹介会社の稼働数を上げる、というような施策が重要となってきます。

施策の組み合わせを考える

マーケティングでも、営業でも、採用でも、業務の分解をし、上げるべき因数を特定します。その因数を上げる有効な施策を考える際、施策は1つとは限りません。

昨今の流れとしては、**ほぼすべてのビジネス領域において、デジタルとオフラインの施策を組み合わせることが必要**になっています。特にデジタル領域においては施策の多様化・細分化がすごいスピードで進んでいます。有効な施策が1つであることは稀で、2つから5つ程度の施策を組み合わせることが多いのです。

キャリーミーを活用していただく場合、当社スタッフやプロ人材が、業務の分解や施策の組み合わせをサポートすることもあります。業務を分解し、有効な施策を見つけるまでは自社で行えるのが理想ですが、これから説明する**「施策の組み合わせ」を見つける方法は、少し難易度が高くなります。プロ人材や外部の優秀な人に依頼し、議論を進めていくのがいいでしょう。**

①自社で思い付かない施策も、他社事例などを調べて最大限挙げてみる

自社で思い付かない施策という視点は極めて重要です。毎回目標を達成できないチームでは、チーム内だけで考えて結果が出ず、また試して、という繰り返しが多いようです。

例えばマーケティングでは、SNS広告やYouTube広告などが主流になってきたように、次々と新しい施策が登場しています。短期的な効果のほどは定かではありませんが、最近では、決裁者と直接つながることのできる施策や、コミュニティマーケティングというオフライン施策、エレベーター内での企業向けの広告やオフィスビルのトイレでの動画広告も活用され始めています。新しい施策を、自社の視点だけで思い付くことは難しいでしょう。

効果を出すためには、「筋の良い新しい施策」を試す必要があります。そのためには、洗い出す段階で、知見のある人や有効事例などから施策候補を探っておく必要があります。キャリーミーのあるクライアントも「わからない人同士で議論しても話が進まない。その分野に詳しいプロが参加して初めて議論が進む」と話しています。

②どの施策が有効かの仮説出しのためにポジショニングマップを作成する

図表⑦ 優秀な人が課題を解決できるとは限らない

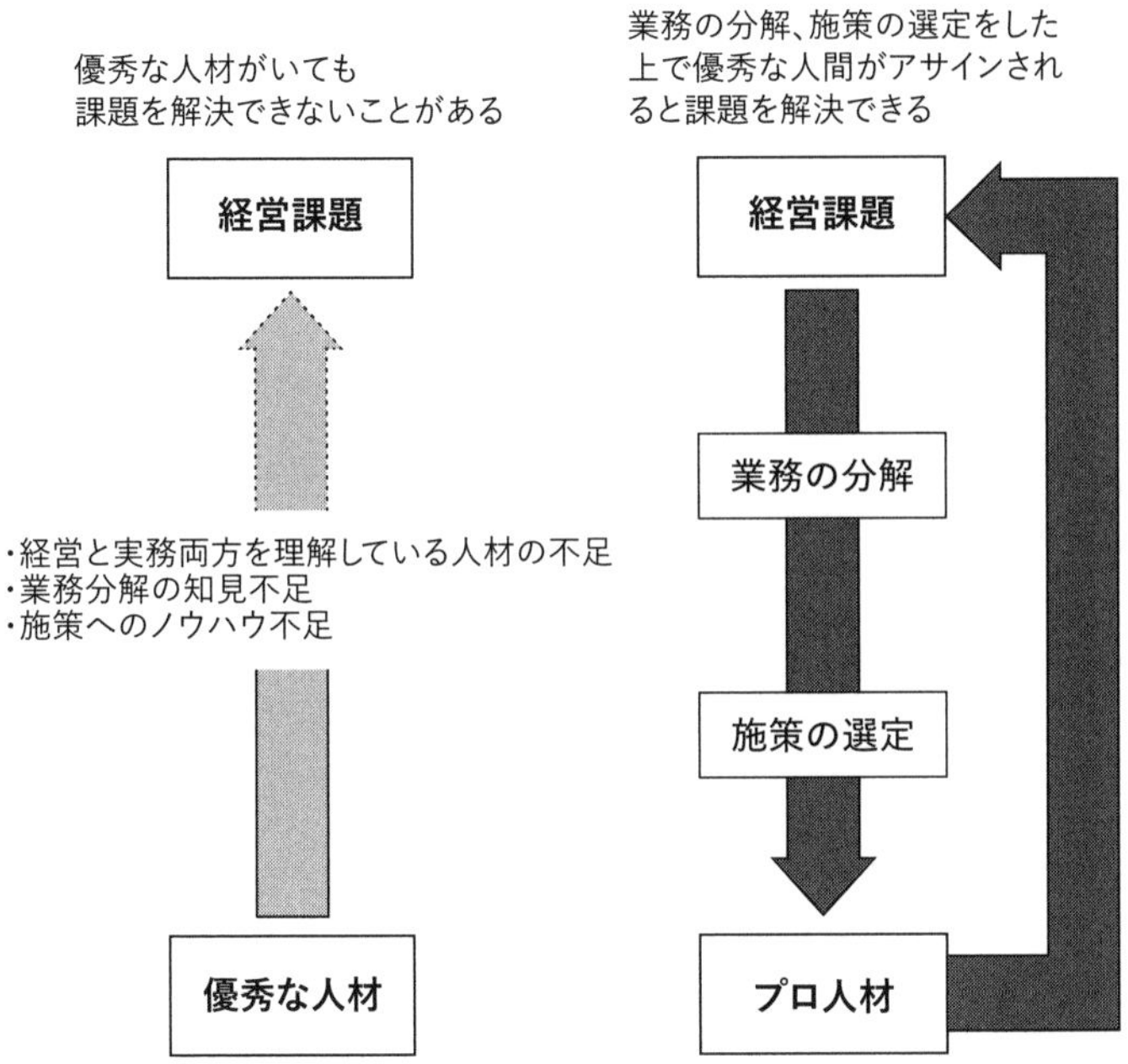

施策そのものは有効であっても、難易度やコストが高く、自社で実行できない場合があります。そうした有効施策を整理するため、ポジショニングマップをつくるのも有効です。例えば、横軸をコスト、縦軸を1年後に得られる成果の大きさなどに分けてみるとわかりやすくなるでしょう。図表⑧は、法人営業強化施策を、アポイント獲得とアポイントからの受注数アップの2つに分けて整理したポジショニングマップの例です。それぞれの具体的な施策を判断しやすくするように、短期的な成果が上がるか、コストの大小を軸として、マップに具体的な施策をプロットしています。

すべての業界がこのマップの通りになるものではなく、このポジショニングマップは、キャリーミーから紹介されたプロ人材の、支援先での営業成果について、これまでの7年間分の情報を整理して作成したものです。参考にしてください。また、横軸をコスト、縦軸を自社の得意不得意などに分ける、など、複数のパターンで実行してみるとより有効な施策を整理しやすくなるでしょう。

③有効施策複数を選定する

まずは予算内、かつ自社で施策を実行するという前提で、自社の得意施策と予算の観点から施策を選定してみましょう。その上で、選定した施策で目標を達成できるか客観的に

図表⑧ 施策のポジショニングマップ

■営業施策（アポイント獲得）

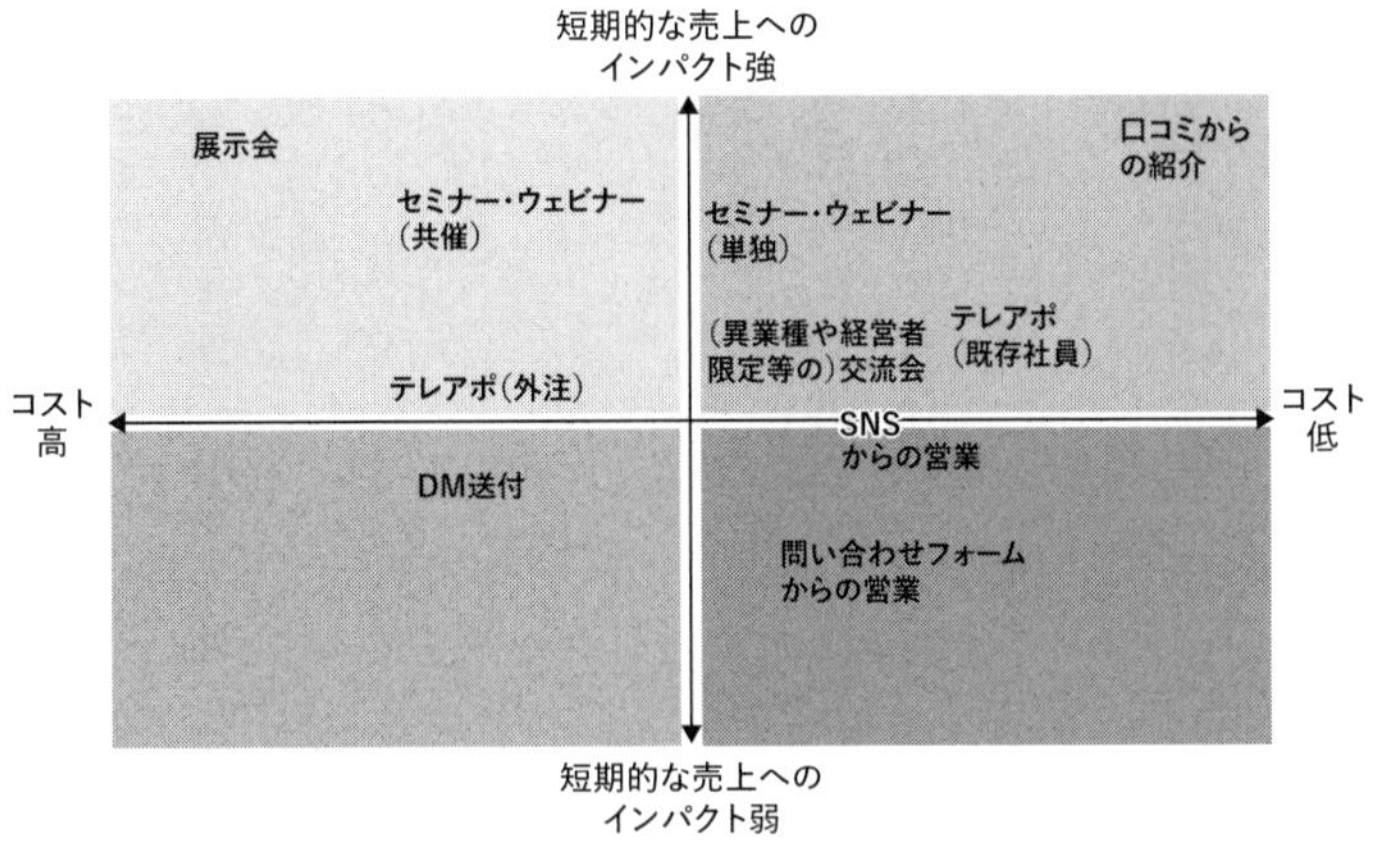

■営業施策（アポイントからの受注数のアップ）

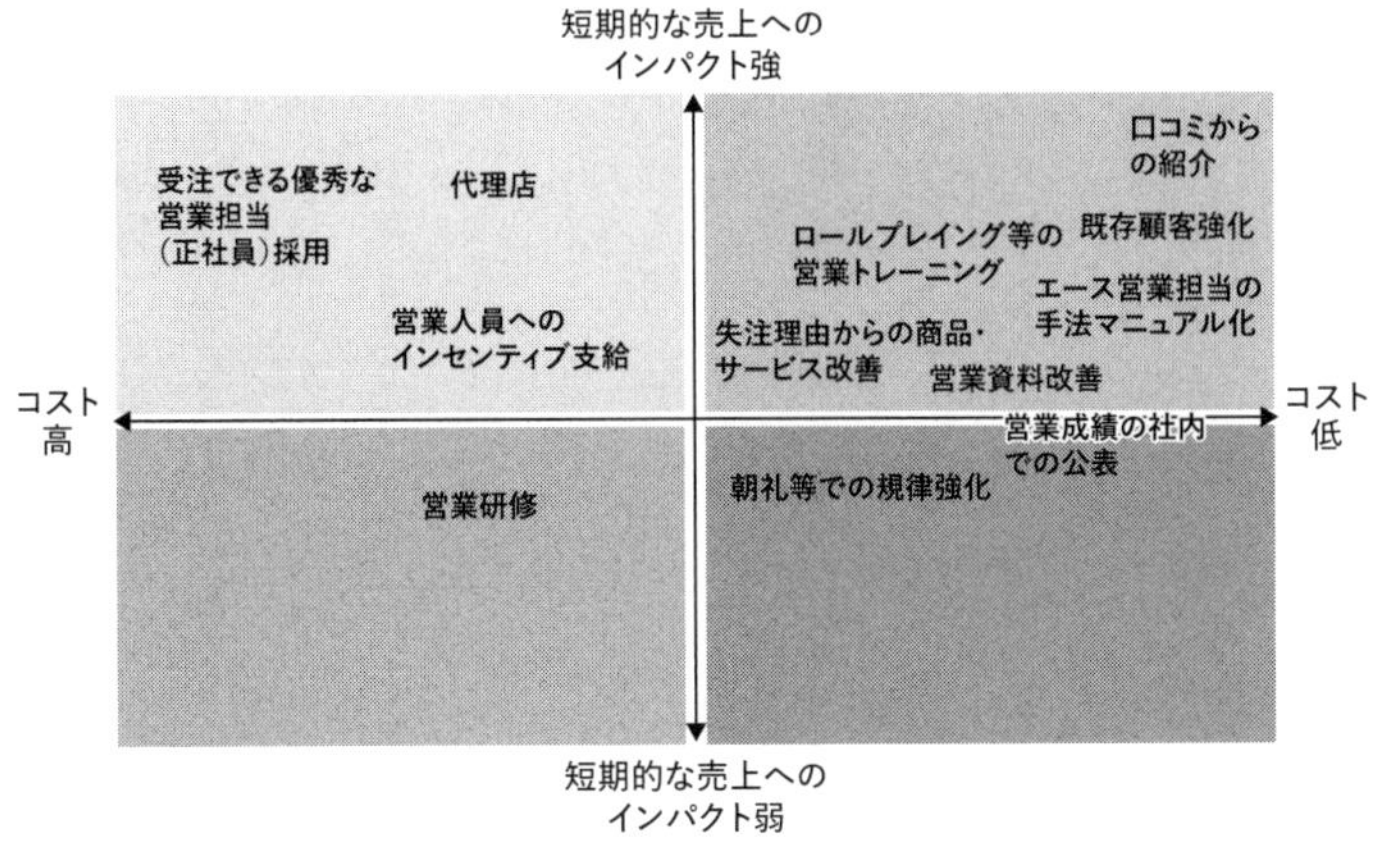

※施策マップ内での売上へのインパクトやコストは、個別の業界等の状況により異なります。
上記の図はキャリーミーのプロ人材による支援事例を元に作成したものとなります。

シミュレーションしてみます。

ただし、社内のポジションによって、どんな施策を提案・選定するかは異なります。経営者や部長は、部下から提案された施策の中から優先すべきものを判断すべきでしょう。一方で、一担当者であれば、「リード数」や「転職候補者の母集団の数字」を上げることがミッションになっているでしょうから、そのための施策を立案することが正しい選定となります。

以上、洗い出しと一定の選定を終えたら、組み合わせを考えてみます。

④成果最大化のための施策の組み合わせを複数考案

施策は単体ではそれほど有効ではなくても、組み合わせると大きな成果に結び付くことが往々にしてあります。

一般的な事例を考えると、マーケティング施策の1つとして広告を展開することは多いでしょう。しかし、広告単体では成果は限られています。

「広告（主にデジタル）×LP（ランディングページ）」の組み合わせが有効なことは一

般的にも知られています。つまり良いクリエイティブを作成してアクセスを集めても、その先のページの質が低い、もしくは広告のコピーとの整合性が取れていないといったことだと、問い合わせにつながらないという課題が出てきてしまいます。

そこから少し発展した形が「広告×ＬＰ×ＳＥＯ対策」です。広告によって検索されるようになったのに、その検索キーワードを競合他社にＳＥＯ強化されて検索上位を奪われていては意味がありません。自社でもＳＥＯ対策を施して、最低でも1ページ目に表示されるような工夫は必要です。

そのほかにも、成果最大化のための動画広告制作・運用として、「マーケティングの訴求ポイントの整理・絵コンテ・ディレクション×動画制作×広告運用」の施策セットがあります。

「動画をつくりたい」と考える会社は多いですが、「目的は何か」ということを意識すると、動画制作そのものではありません。例えば採用のための施策であれば、ターゲット層からの応募を集めることです。そうすると、動画制作の前工程の訴求ポイントの整理や絵コンテ制作、あるいは、動画を「どう届けるか」という視点で後工程となる広告もしくはYouTube 運用などが必要となってきます。

マーケティングにおいても営業においても、「訴求ポイント」は極めて重要です。訴求ポイントとは、何が刺さるかです。キャリーミーであれば、「プロの優秀さ」「1・3万人という登録者数」「マーケティング・採用・事業開発といった職種」「月額20万円から50万円という価格的メリット」「雇用リスクがない」など複数が該当します。

「顧客セグメントに対して、何を訴求していくべきか」というポイントを整理しましょう。例えば化粧品販売会社であれば、「若手層」「高齢者層」「働く女性」といったセグメント、もしくは、価値観ごとに「見栄え・モテ重視」「若く見えること重視」「健康重視」「美白重視」「海外風重視」などのセグメント方法あります。

こうしたセグメント層に対し、「何をウリにすることが自社の利益や売上を最大化するのか」という整理が必要です。例えば、美白などの効果なのか、権威性（「〇〇教授が推薦」など）なのか、価格なのか、開発ストーリーなのか。多くはそれらの組み合わせで訴求していきます。

また、動画制作会社や広告運用会社を単体で考えるのではなく、目的を主軸として、施策の組み合わせで考えるべきです。

動画制作や広告運用そのものが目的なのではなく、リード獲得や採用人数などの成果を最大化することが目的のはずです。動画制作の目的が、「動画広告で良いリードを集める」ことだとすると、そのために必要な要素は次のようになります。

❶訴求ポイント（誰に、どのような訴求をしていくか）が明確であること
❷その訴求が動画で良いクリエイティブで表現されていること
❸適切な媒体（YouTube等）で適切な人が広告を運用できていること

動画制作会社に丸投げしても、右記の３条件を満たしていなければ、最大の成果が出るかは不明瞭な部分も多くなります。

その際には、施策を組み合わせて考えることをお勧めします。例えば自社の営業のための動画をつくるとします。どの層に対して、どういう訴求で、どういったクリエイティブをつくるべきかという視点を、依頼する側か動画制作会社かのどちらかが持ち合わせていないと成果は出ません。

この場合、大きな価値は訴求整理や絵コンテ制作という上流部分にあります。予算が限られている場合などは、上流部分だけプロを入れて、動画制作や広告は自社や自社の付き

合いのある外注先に任せる、ということもあります。

最近、リード獲得のために流行っているウェブフォームへの投稿による営業施策も同様です。やみくもに投稿していても、受ける企業からすれば迷惑なだけです。訴求ポイントを複数パターンで洗い出して、検証できるプロ（ＰＭ）を１人入れるだけで大きな成果の違いが出ます。

⑤成果最大化の施策の組み合わせを考え、自社でできない部分を外注する

高い目標を掲げると、自社だけでは達成できないケースが大半です。そうした場合に、中途で即戦力社員を採用する、外注する、プロ人材を活用する、などの選択肢を検討するといいでしょう。

⑥応用編

ここまでのように、業務を分解し、施策の優先順位を決め、優先順位の高い分野に優秀な人員やコストを割けば、まずは成果が出るはずです。

その上で自社の戦略と重視すべき因数、その施策の整合性を取って重要施策を考えると、より大きな成果に結び付くでしょう。全体最適化を図るためのポイントを３つに分けて説

明します。

❶役職ごとに考える

担当者もしくはマネージャーレベルの場合、個人もしくはチームがコミットすべき数字をあげるために因数の最大化を図る、という部分最適化で良いでしょう。一方で、部長、役員、経営者といったように上の立場になれば、その役職に応じて全体最適化を俯瞰して考える必要があります。

❷長期的な自社の戦略と施策の整合性を考える

長期的な戦略と短期的な施策を擦り合わせるとより良い場合があります。

例えば、「新規受注での売上＝リード獲得数×アポ獲得率×受注率×単価」としたとき、リード数は最重要な因数である可能性が高いと言えます。一方で、会社全体でブランディングを最重視している場合は、リードの最大化のみを目的としてはいけない可能性もあります。ブランディングのために、リード数と併せてどのような訴求をすればいいのか、そのためにはどんな訴求ポイントでキーメッセージをつくりどんな媒体で伝えるべきか、も併せて総合的に判断する必要があります。

❸複数の因数に効果的な施策がないかを考える

例えば、営業目線で「売上＝アポイント数×受注率×単価」と考えたとします。営業人員が十分で、アポイント数を最大化できる施策があれば、そこに注力するのが最も可能性が高いでしょう。

しかし、経営層であれば「アポイント数も増え、受注率も高くなり、単価も上がる、すべてを満たす施策はないか？」と俯瞰してみることも必要です。

例えば、キャリーミーでは、2年ほど前からタクシーCMの施策を行っています。これは認知を獲りつつ、アポ数も増やし、受注率も上げていくことを狙ったもので、実際にすべての因数において成果は上がりました。タクシーに乗車する層が経営者層などの決裁者が多いこと、また動画での訴求は工夫の余地が大きく、クリエイティブ次第で成果が出やすいことが要因として挙げられます。

施策の組み合わせを考える上では、図表⑨の内容を総合的に考えて実行しPDCAを回していくといいでしょう。

また、本書をご購入いただいた方のために、「有効な施策の組み合わせリスト」をマーケティング、法人営業、採用の3つに分けて用意しました。詳しくは巻末をご覧ください。

図表⑨ 施策の組み合わせの考え方

①成果の最大化 重要度◎
どの因数をどのような施策で最大化していけるか。
短期だけでなく長期的な視点も含め

②即効性があるか 重要度△
即効性があることよりも、中長期的に大きな成果が出続ける施策になるか、のほうが重要

③戦略との整合性 重要度○

④コストやあり得るリスク 重要度○

⑤実現可能性、成功確度（自社が得意かどうかも含め） 重要度◎

「外部の目」としてコンサルティング会社を利用する

大手企業の中には、中途採用を行わずに新卒採用のみで労働力をまかなっているところがあります。また、そもそも中途採用が難しくなっているという事情もあります。いずれにしろ、**新卒採用だけでは外部の考え方や価値観が入ってきづらくなります**。自社にある視点だけで物事を考える。昨今の表現で言うと、会社に「多様性がない」状態です。

地球儀を想像してみてください。日本しか視野に入らない状態では、地球の裏側で起きていることがわかりません。しかし実際には日本の市場だけではなく、海外にこそチャンスがあるのかもしれません。

自社だけではそれらを発見できなくても、外部から人が入ることで、「アジアの一部の国では、こんなカルチャーが流行していますよ」と教えてもらえることもあります。

外部の視点を持つためには、主に3つの方法があると考えています。**1つ目は中途採用、2つ目は外注やプロ人材の活用、3つ目はコンサルティング会社への相談**です。

ただし、ここまでにお話ししているように、中途採用は難しくなっています。それに、外部の視点を伝える際に「前職では……」とは言いづらい。加えて、最初は外部の視点を持っていても結局は組織に染まりやすいという点もあります。また、外注やプロ人材については、これまでにもお話ししてきたので、ここではコンサルティング会社の効果的な利用方法についてお伝えします。

私は以前、ドリームインキュベータというコンサルティングファームに勤務していました。出身者ならではの、コンサルティング会社の活用の仕方をお伝えします。

①依頼するタイミングは大きな意思決定をするとき

企業にとって、コンサルティング会社を特に有効活用できる時機があります。

例えば、飲食業の企業が「お店の利益を増やすには？」と悩んでいたとします。課題は漠然としており、具体的な現状の課題や施策は見えていない状態です。こうした状態でコンサルティング会社に相談すると考えると、「こんなに漠然とした問いを投げ掛けてもいいの？」と思う方もいるかもしれません。

しかし、こうした段階でこそ、コンサルティングの力を借りるべきです。企業側が課題をより細かく分析し、「広告の運用はどうする？」「顧客獲得単価を下げるには？」といった細かいテーマを投げ掛ければ、コンサルタントはその課題を解決するための本質的な質問をして、いくつかの答えとなるヒント、もしくは初期仮説程度は無料で教えてくれるでしょう。

一方で、もっと大きな視点で見たときには、これらの課題が本当の課題ではない場合もあります。大きなテーマから紐解いてもらえば、「利益を増加させるには、そもそもの売上を増やすべき。そのためには……」「まずは費用を減らすべき。そのためには……」と、さまざまな提案をしてくれるはずです。あるいは、「あなたの会社の課題は『短期目線のお店の利益を増やすこと』ではない。『ファンをつくること』です。なぜなら……」など、捉えるべき別の課題を提示してくれることもあります。

余談になりますが、某大手インターネット関連サービス会社が、コンサルティング会社3社をコンペにかけたことがあるそうです。それぞれの会社からヒアリングをしてもらい、提案資料も用意させました。そして「面白い、なるほどね」と、納得できる提案があったにもかかわらず、結局、某社はどのコンサルティング会社にも発注しなかったそうです。解決策を聞くだけ聞いて、お金は払わなかったわけです。

もちろん、このようなコンサルティング会社の利用はお勧めしませんが、ディスカッションを依頼することは基本的に無料です。「課題が曖昧な状態で、ディスカッションに付き合ってもらったら悪い」と遠慮するのではなく、まずは相談してみる、という意識で考えてみましょう。

②誰が担当するのかの確認を

コンサルティング会社の提案を受けて仕事を依頼する場合、その提案をした本人がコンサルタントとしてアドバイスしてくれるのかどうかを、しっかり確認しておいてください。

社内外から「天才」と言われるほどに優秀な人もいれば、反対に「残念」な人もいます。初期提案をしてくれた人が最後まで面倒を見てくれるのか、最初の段階で確認しましょう。

③社内で稟議を通すコツ

コンサルティングに限りませんが、外部の提案を担当者自身が気に入っても、上司の理解を得られないことはよくあります。そうした際は「根拠の示し方」がポイントになります。

自社の課題を鑑みたとき、根拠として海外の事例をベースに出したほうがいいのか、同じ業種のコメントをたくさんもらったほうがいいのか、定量的なデータが必要なのかといった傾向は、企業や上司により異なります。そうした視点では、コンサルティング会社よりも、発注者である社員のほうが詳しいはずです。事前に擦り合わせて、コンサルティング会社には、希望する情報を集めてもらうようにしましょう。

④未来を予測するのは難しい

コンサルタントの得意領域は、過去や現時点での数字や事実情報をもとに分析し、正しい答えを導き出すことです。複雑化している未来の予想はいかに優秀なコンサルタントであっても正しい答えは準備できません。例えば、人口動態などの大きな流れはある程度把握できますが、「AIが30年後どうなっているのか?」といった不確定要素の多いことは予測できないわけです。

そういう意味で、既存事業にコンサルティング会社を活用するのは有効です。しかし、新規事業においては、思うような結果が得られにくい傾向があるということを、念頭に置いておいてください。

未来のことは、誰にもわかりません。けれども、たくさんの視点を持って仮説を検証し、実行力を高めていくことはどの会社にもできます。コンサルティング会社やプロ人材などを上手く活用しながら、会社にとっての目標を達成していくと考えましょう。

以上、コンサルティング会社の有効な利用法についてお話ししました。より本質的には、「謙虚に、自分の理解は間違っているかもしれない」と常に自分自身をも疑う視点も合わせて持ち、日々の情報（現場やメディア等）に触れることが重要です。「気付く姿勢」を持った上で、コンサルティング会社や外注、プロ人材を上手く活用するといいでしょう。

プロ人材インタビュー③

キャリーミーをきっかけにスイス移住！「可能性が無限に広がる」

高橋綾那

大学を卒業後、ファッション通販やゲームアプリの開発・運営を行うクルーズに入社し、バナー作成・プレスリリースの制作に従事。その後は、さまざまな会社でECサイトの立ち上げや運営、Webマーケティング、経営戦略などを担当。2020年よりフリーランスとして独立。現在はスイス在住。リモート勤務で、多くの日本企業を支援している。

いま、私はスイス人の夫と、彼の故郷であるスイスで暮らしています。もともと「海外で働きたい」という思いが強くありました。

会社員として働いていた最後の会社では、マーケティングや経営戦略などを担当していました。仕事も楽しく、毎日が充実していましたが、2020年、世界を襲う出来事が起きました。新型コロナウイルスのパンデミック宣言です。その頃、会社はインバウンド事業に取り掛かったところだったので、大打撃でした。働いている従業員は全員解雇となってしまいました。

その後の転職活動では「これを機に、拠点を国外に移そう」と、フルリモートで働くことができる会社を100社くらい探し出しました。けれども、私が生活の拠点にしたいのは、スイスです。日本とは、7時間ほど時差があります。この時差の壁に、ほとんどの企業から「NO」を突き付けられました。また、「週に1度は出社してほしい」という会社も多かったです。そんなときに見つけたのが、キャリーミーです。

登録してみると、国際環境団体の案件を紹介してもらうことができました。そこでは、カナダやオーストラリア、韓国など、世界各国の人たちが、ZOOMを使って仕事をしていました。いろんな国を拠点にした人が働いているので、フルリモートです。

「これって、スイスに移っても、続けていくことができるのでは……?」そう思った私は、クライアントのトップに、勇気を出して相談してみたんです。すると、即答で「OK!」。

その後、キャリーミーにも、スイスでフルリモート勤務をしたいこと、クライアントには了承いただいていることをお伝えしたところ「引越しして問題ない」との答えをいただきました。こうして、私は晴れて、愛犬も連れてスイス移住が実現できました。

現在では、日本の企業を中心に、常時8社ほどのお仕事を受けています。そのほとんどの会社が「フルリモートで、海外に拠点を置く人材と仕事をするのは初めて」とお話しされます。

企業にとっては、不安に感じることもあるでしょう。そのため、私が心掛けているのが、なるべくクライアントと密にコミュニケーションを取ることです。時差があるので、私は日本時間の13時から業務を開始することになります。就業中は常にパソコンを開いておき、来た連絡に対して「即レス」し、タイムラグを感じさせないようにしています。

ミーティングも、クライアントからの連絡を待つのではなく、こちらから積極的に提案するようにしています。業務の話だけをするのではなく、「最近、どうですか？」と世間話をして、その会社や相手の状況・悩みごとを把握するように努めています。

仕事内容としては、最近はSNS運用のお手伝いをすることが多いです。ちなみに、会社員時代は、SNSに特化してきたわけではありません。キャリーミーで受注した国際環境団体の案件で成果を出したのをきっかけに、運用のコツをつかみ、たくさんの仕事が舞い込むようになりました。

SNSを運用する際に大切なのは、関わっているたくさんの人からお話を聞くことです。仮に、集客に課題を感じているとしたら、担当者だけでなく営業の方など、組織の内部にも入り、課題を見つけていく。その上で「いま、必要なのはこのようなコンテンツなのではないか」「フローを見直したほうがよいのでは？」と進言します。業務委託ではなく、「一社員として」ジョインしている感覚を持つようにしています。

海外に興味を持ったのは、小学生の頃でした。母がずっと「海外に住みたい」と言っていたのも、理由の1つかもしれません。スイスに移住するまでに、アメリカへ留学したこともありました。

最近では日本も変わってきていますが、会社員時代「まだ若いし、女性だからね」とか「女性なのに、はっきりと言うんだね」など、堅苦しさを感じる場面がありました。日本では打たれてしまう「出る杭」が、海外ではむしろ評価されることがあります。

自分に合った場所、働き方を選ぶことができれば、可能性は無限に広がります。女性に限らず、私のように、海外に移住したくても仕事が見つからず、なかなか踏み出すことができない人もいるかと思います。私は秋田県出身なのですが、能力はあるのに、住んでいるのが地方で、仕事をたくさん獲得できない方もいるかもしれません。そんな人たちに活躍の場を提供できるのが、キャリーミーなんです。

第4章

「プロ」の力を最大限に引き出す

プロ人材の見極め方

現在、キャリーミーには毎月100〜200人のプロ人材の新規登録があり、登録者の総数は1・3万人を超えています。そうした登録者をそのまま企業へアサインするのではなく、各社に紹介する前に、スクリーニングを行っています。

まず、キャリーミーには基本的にどんな人でも登録できますが、「誰でも歓迎」とは謳っていません。ホームページ上でも、あくまで「成果を出せるプロ人材を求めている」というメッセージを伝えています。ここである程度優秀な人材に絞ることができると考えています。

そうした募集を見た上で登録してくれた人については、書類選考で保有スキルの確認をします。特にマーケティング部門や広告運用や人事、事業開発などはオファーが多いため、スキルの確認ができたらすぐに面談となることが多いです。それ以外の職種も、プロ人材から案件に対して応募があった場合や、企業から依頼があった際に、必ず面談しています。

以下は、キャリーミーが新規登録のあったプロ人材をスクリーニングする際に、活用している指標です。何を基準にプロ人材を採用すればいいか、成果に結び付けるためには、どんなふうに活用すればいいのかについて、この章にまとめます。

プロ人材に限らず、フリーランスの人と業務委託契約を結んだり、他社に外注したりする場合の指標にもなると思います。参考にしてみてください。

①専門的なスキルがあるか

私はプロ人材を「専門的なスキルを持ち、それを本業として、成果にコミットできる優秀な人たち」と定義しています。実績があることは大前提です。

当然ですが、面談時は、職務経歴書やポートフォリオなど、実績がわかるものを用意してもらいます。その際、特に注視すべきなのは、フリーランスや起業してからの実績です。会社員時代の実績ももちろんチェックはしますが、会社という看板が存在し、ほかにも多数のメンバーがいる状態での仕事です。場合によっては、本人だけの実力とは言い切れません。

一方、フリーランスは肩書きも何もない状態です。そのような中、何年にもわたって活動できていること、実績を上げていることは、実力があることの証明になります。

そのほかにも、プロ人材との面談時には、職務経歴書に記載されている成果をもとに、さまざまな角度から質問をしています。

例えば、会社員時代に「営業で新規案件を20件受注」と書いてあれば、「会社内全体で見たとき、何番目でしたか？」「1人で成果を出したのですか？」などと聞いていきます。チームで動いていたのなら「あなたの役割は何でしたか？」「どの部分をあなたが担当したのですか？」などを確認します。

ただ、その人材が必要な分野について、企業側に知見があればある程度見極めはできるでしょうが、未知の分野について人が欲しいときもあります。例えばマーケティングの知見がない会社が、その分野のプロ人材を採用する際、実績を見てもよくわからないでしょう。

そのようなときには、困っていることを相談してみましょう。「あなたなら、この課題をどう解決しますか？」と聞いて答えに詰まるようであれば、あまり期待はできません。

②ソフトスキルがあるか

プロ人材にとって最低限必要なのは、業務上の専門スキルです。ただ、それと同じくらいに、コミュニケーション能力を含む、ソフトスキルも重要です。

先ほど「困っていることを相談してみるといい」とお伝えしました。そのようなとき、ソフトスキルのあるプロ人材は「予算はどのくらいですか?」「現状、どの段階にいますか?」「将来はどこを目指していますか?」などと企業側から聞き出し、自分自身で課題を洗い出そうとします。

この点で、敢えて曖昧な課題を投げて、プロ人材の能力を測るという方法もあります。情報が曖昧なままなのに「できます」と答える人は、仕事を獲得したいことが優先事項になっている可能性があり、実際の能力には疑問符が付きます。

また、相手の言うことを、やんわり否定できることも大事です。企業が抱えている課題に対し、「そうですね。目標はわかるのですが、こちらのアプローチのほうが……」「この方法にしたら、早く成果が出ると思うのですが、敢えてこちらを選んでいる理由はありますか?」など、正直に答えてくれる人が理想です。

③成果へのコミットメントが強いか

大きな成果を出すプロ人材ほど、業務の中で「私の成果に満足いただけていますか？」「稼働内容は問題ないですか？」と確認をします。私はこのことを「期待値調整」と呼んでいます。

期待値とは、「1年後にはここまで到達したい」「そのためには、半年後の目標はここ」といった成果までのマイルストーンです。それをしっかり擦り合わせてくれるプロ人材であれば、思うような成果が出ていない場合にほかの案を模索してくれたり、改善案を提案してくれたりします。成果へのコミットメントが高い＝「期待値調整」ができる、とも言い換えられると思います。

また、成果だけでなく、「会社へのコミットメント」も重要になります。

Aさん、Bさん、Cさんと、3人のプロ人材がいるとして、Cさんに「この仕事をぜひ引き受けたい」と強い熱意があるとします。仮に、実績がほかの2人と比較して少し見劣りする場合でも、成果につながりやすいのはCさんというケースがあります。

会社や事業への共感度が高いほうが、壁にぶつかったときも「どうして成果が出ないんだろう？」「こうしてみてはどうか？」と好奇心を持って仕事に取り組んでくれます。自分で仮説を立てて実行し、検証する。そうして最終的には成果にコミットしやすくなります。

④カルチャーフィットはどうか

プロ人材は、稼働の対価として報酬を得ます。しかし、プロ人材がそれと同等、もしくはそれ以上に意識しているのが「限りある自分の時間を、何に使うか」です。

会社が掲げているビジョンやバリューに、プロ人材が共感してくれるかを確認しましょう。最近では、SDGsへの取り組みや、多様な働き方を目指す姿勢に共感するプロ人材が多い印象です。

ただし、ビジョンやバリューについて、企業の価値観と人材の価値観、あるいは人材同士の価値観は、必ずしも完全一致する必要はありません。第5章でお話ししますが、現在当社の取締役CMOを務める毛利優子は、キャリーミーの「時間や場所に制約されず個人が活躍できる世界感」に共感してくれました。

そして、私のモチベーションの源泉は「挑戦」です。プロ人材や起業家など、リスクを取って独立をした人に、チャンスを提供したいと考えています。

2人のビジョンとバリューは、100％合致しているとは言えません。けれども、見方を変えると「スキルのある人に活躍の場を」と、思いが重なる部分があります。共感の幅はこれで十分です。

それでは、ビジョンとバリューへの共感度は、どのようにして推測すればいいのでしょうか。人材に「共感しますか？」と尋ねても、当然「はい」と返事が返ってくるだけです。

そこで「何のために働いていますか？」と聞いてみます。ストレートに「お金です」と答える人もいれば、「新卒で会社に入った頃、『ゆとり世代』と言われ続け、とても悔しい思いをしました。だから、上の世代を見返したいんです」など、具体的なエピソードを語ってくれる人もいます。

そのようにして、「まったく違う考え方ではないね」「こういうところを、一緒に実現しない？」と、落とし所を探っていきます。何を大切にしたいか、お互いの「核」の部分に共感できればいいのです。

⑤学歴は見ない

私見になりますが、私は日本の学歴社会に否定的です。日本のテスト方式では、その人の能力を正しく測れないからです。

ビジネスの世界で必要なのは、自分で課題を突き止め、施策を提案し、自立的に解を生み出していく力です。しかしセンター試験を筆頭に、日本の入試は「言われたことをやってきた」結果の合格です。実際、有名大学出身でも仕事ができない人はたくさんいます。

キャリーミーでは、基本的にプロ人材の学歴はチェックしていません。高学歴の人が職務経歴書などに「〇〇大学卒」と書くことがあるので、おのずと知ることはありますが、新規登録画面にも学歴について問う欄はありません。

もちろん、学歴が高いということは、一定の努力ができるということの証明にはなると思います。努力の結果優秀になったという意味では、活躍しているプロ人材は、結果的に高学歴な人たちが多い気もします。しかし学歴がどうであれ、その後の社会人人生をどう歩み、どのような活躍をしてきたかのほうが重要です。

実績だけではなく、実際の行動も見ていきます。面談時に「英語を勉強している」という発言があったら、「いつから始めて、これまでにどれくらい勉強して、いま、どのくらいのレベルなのですか？」と尋ねるようにしています。「営業電話を掛けることで、新規顧客開拓に努めました」と言えば、「何回くらい電話をしたのですか?」と聞きます。「1日2回」という回答ならもっとできるはずですし、「1日100回」なら「この人は頑張ったんだな」と判断できます。

それから、プロ人材の性質も見ていきます。面談時にはプロ人材の風貌や細かな様子、例えば「理由もなく、少し遅刻してきた」などを記録しています。あるいは「温和」「明るい」「細かいところに気がつく」といったこともメモしています。

この目的は個々人の性格を「良い」「悪い」と評価するわけではありません。誰が見てもネガティブな面があれば問題ですが、一概に人の性格を評価することはできないでしょう。ただ、プロ人材が企業に入れば、人と人との関係になります。企業の担当者との相性も考慮して判断するための材料として観察しています。

ミスマッチを起こさないために

企業によっては、プロ人材の経歴だけを見て、即座に採用を決めようとする場合もあります。しかし、どれだけ優秀な人であっても、企業とのミスマッチは起こり得ます。

例えば、企業の規模の違いです。マーケティング業界では、花王やP&Gのマーケティングは優秀だと有名です。けれども、それらの会社出身の人が、必ずしもスタートアップ企業で同じように活躍できるとは限りません。

大手企業では、何百億円という単位で予算が付きます。ツールや、使えるリソースもたくさんあります。一方で、スタートアップ企業は、そのような莫大な予算が掛けられないことがほとんどです。スタートアップ、中小企業、大企業それぞれに、活躍できる人材が異なる場合があります。

もちろん、大手企業出身者が必ずしもスタートアップや中小企業で役に立たない、というわけではありません。逆もしかりで、スタートアップや中小企業出身者が、大手企業で活躍しているケースもあります。

それでは、どういった判断材料をもとに、プロ人材を選べばいいのか。大前提として、当然ながら職種をマッチさせておく必要があります。ＳＥＯのプロ人材を求めているのなら、そのスキルを持っていることが条件です。

次に、経験業種です。同じ業界ならベターですが、こちらは必ずしも似た業種を経験していなくても構いません。ただし、その場合は複数の業種で成果を出せているかどうかのチェックが必要です。自社と同じ業界の経験者でなくても、複数の業種で実績を上げていれば、新しい領域に挑戦しても成果にコミットできる可能性が高まります。

こうした点から、優先順位をまとめると次のようになります。

①スキルが高く、成果を出している業界も自社と一致している
②スキルが高く、自社とは異なる2〜3業種で実績を出している
③スキルが高く、自社とは異なる1業種で実績を出している

ミスマッチが起きると、企業はもちろん、プロ人材も含め、誰も幸せになれません。お互いのためにも、しっかりと見極めた上で活用をスタートしてください。

プロ人材に存分に活躍してもらうには

それでは、アサインしたプロ人材に、存分に活躍してもらうにはどうすればよいのかを考えていきましょう。いくつか、押さえておきたいポイントがあります。

①アウトプットは明確に

プロ人材とそれを活用する企業の間で、最終的なアウトプットの目標はしっかり決めておきましょう。お互いの認識がずれていると、求めている成果にたどり着くのが困難になる場合があります。

その際、実行する施策についても事前に確認しておきます。例えば、「半年後のリードを100に」が期待値なら、そのための施策が広告の運用なのか、LPなのかなど、手法については十分ディスカッションして決定します。

ポイントは、双方が納得できることです。どちらかが「絶対に広告の運用だ」と押し進めれば、思うように成果にコミットしないことも起こり得ます。その結果、解約する際にもめる原因にもなり得ます。

また、施策をスタートさせた後のプロ人材の目標管理も大切です。「この仕事は任せた」と放置するのではなく、週に1度レポートを出してもらうなど、常に進捗を共有するようにしましょう。業務委託であっても、「並走」するという意識が大切です。

これは、3つの理由からです。

1つ目は、プロ人材を放置していると、知らず知らずのうちに企業側と方向性がずれていく可能性があるからです。大まかな方向性は合っていても、細かな部分で違う方向性で仕事をしていた、もしくはプロ人材が不要な業務を行っていた、などといったことを避けるためです。

もう1つは、プロ人材の成果へのコミットメントの意識を、維持もしくはより上げていくためです。やはり「期待されている」「全体の業務、目標の中でこの重要な業務を任せている」という全体感がモチベーションを高めます。全体の進捗なども都度共有されていることで、よりコミットしてくれるようになります。

3つ目は、PDCAを回す上で、進捗状況の数字や事実だけでなくそこへの「解釈」を擦り合わせた方が有効だからです。例えば、アポイント数が月200件になったとして、企業側がそこに満足しているのか、プロ人材側はその数字は状況を俯瞰して見たときに成功しているのか、何か改善したほうがいいと考えているのかという定性的な解釈を確認します。

②業務領域を明確にする

前述したように、業務領域は企業側とプロ側で決め、期待値も双方で合意します。しかし、詳細な業務範囲を決め切れずに走り出すと、そのズレが原因で成果には結び付かない、というケースもあります。

例えば、プロ人材は上流のマーケティング戦略とPM的なディレクションまで、と認識していたのに対し、企業側は実行の部分まで全部してもらえると思っていたという場合は、再度の擦り合わせが必要となります。

ほとんどのプロ人材は実行まで可能ですが、その実行が「PMとしての役割の実行」なのか「作業レベル」も含むのか、その作業は「資料制作」や「1つひとつの記事の執筆から入稿まですべて」を指すのか一部なのか、しっかりと決めることが必要です。

また、目的意識を持ってもらうために、全体の業務の中でのプロに依頼している部分の重要性を伝え、その意図をしっかり理解してもらうことが重要です。

例えば、会社の売上を最大化するのに、法人のアポイント数を増やしたいというミッションがプロ人材に課されていた際、プロ人材が単純に「法人のアポイントを増やす」と認識しているのと、「受注できる、かつ受注額を最大化できる法人のアポイントを増やす」と認識している場合では、大きく成果が異なります。後者であれば、いま進めているテレアポではなく、DM送付とテレアポ、ウェブへの事例掲載という施策を組み合わせたほうが有効ではないか、というような議論も可能になります。

③情報はオープンに

優秀な人ほど、業務の「全体像」を知りたがります。例えば、プロ人材から「リードを獲得したいということは、売上を伸ばすことが目的ですね？　外注先含め、ほかの施策は誰が何を担当されていますか？」などと、質問されることがあります。

その際、「これが我が社の目標で、そのためにはこの施策が必要で、あなたにはこの部分をお願いしています」と、最終的な目標も踏まえた全体像を伝えるようにしてください。重要なプロジェクトや社会的意義のある仕事だとわかれば、プロ人材のモチベーションもより高くなります。

また、業務内容によっては、社内の各担当者との連携も必要になるケースがあります。例えば、リード獲得のためにプロ人材をアサインしても、その後の受注につながらない。この場合、次の段階となるアポイント率が低い可能性もありますし、アポイント後の成約率が良くないのかもしれません。そもそものリードの質が悪いことも予想されます。

こうしたとき、プロ人材はもちろん改善策を考えます。そのために、前後の担当者と連携できるように配慮してあげてください。この例であれば、リード獲得のためのプロ人材と営業担当が連携することで、どのような属性のリードを獲得できれば理想かが見えてきます。

理想は、日頃から企業側が業務全体を見渡して、プロ人材と関係する部署で必要なコミュニケーションを取れるようにしておくことです。あらかじめ、当該部署にプロ人材がどういう目的でアサインされたのかを伝えておいたり、プロ人材の稼働初日にお互いにきちんと自己紹介してもらったりするといいでしょう。

④半年は様子を見る

業務委託で仕事を依頼するとなると、すぐに成果が欲しくなるものです。しかし、いくらスキルがあっても、短期間ではなかなか成果に結び付かないこともあります。その企業や業務内容の特性にもよりますし、試行錯誤をする期間は必要です。その点で、キャリーミーでは、企業との契約は6カ月以上を基本としています。

ただし、最終的なゴールは企業側とプロ人材双方で合意します。面談の際、プロ人材に「6カ月後はこれくらいの成果を期待しています」と伝えるようにしましょう。そのとき、プロ人材は「目標の売上はいくらですか？」「予算はどれくらいですか？」「どのような体制で取り組む予定ですか？」などと質問します。

「③情報はオープンに」の話にも通じますが、こうした情報はきちんと伝えるようにしましょう。目標が具体的になることで、「それなら、Facebook広告とYouTube動画を組み合わせて、このような認知拡大とサイト流入が狙えます」といった提案があるかもしれません。または「この予算では、1000万円は難しいと思います。500万円が妥当ですね」と指摘されることもあります。ディスカッションを重ね、両者の着地点を擦り合わせた上で、施策をスタートさせます。

そうして6カ月で成果が出ないこともあり得ます。それをプロの責任にすることも可能ではありますが、原因追及も大切です。

そもそも取るべき施策が違っていたのかもしれません。企業が施策を考え、その施策に十分なスキルを持つプロをアサインしたのに成果が出ないという場合は、企業側もそこから学ぶことが多くあると思います。

例えば、本来であれば広告施策を重点的に実行すべきだったのに、PR施策をすべくPRのプロを活用していても十分な成果にはつながりません。「どのような要因で思ったほどの成果が出なかったのか」「今後何をすれば成果が出るのか」と、建設的な議論をできる企業が、プロを上手く活用し成長に結び付けています。

逆にプロ人材が考えた施策が間違っていることもあります。プロ人材を使い慣れている企業は、1人のプロ人材を100％信じることはしません。施策を統合し、分析するプロ人材（PM）と、施策を運用し成果につなげるプロ人材（実務担当）を分けて活用します。PMに複数施策の成果を客観的な分析レポートも提出してもらいながら議論し、場合によっては、施策ごとプロ人材も交代させて、施策の組み合わせの最適化を図っていきます。これを競合他社よりスピーディーにできると、大きく差を付けることができるようになります。

⑤働き方への理解

プロ人材との契約では、基本的に出社を強制しません。また、複数の会社の仕事を並行して行っているプロ人材もいます。あるいは子育てをしながら仕事をするため、プロ人材という働き方を選んでいる人もいます。

そのため、正社員に比べてプロ人材はリモートの割合が多くなります。もちろん、ミーティングベースでの出社や週に1回は会社に来てほしいなど相談することもできますが、基本的に毎日出社してもらうことは難しい、ということは認識しておきましょう。必要なコミュニケーションは、メールや電話、チャットツールなどでもできます。それでも出社が必要な場合には遠慮なく相談する、というように考えましょう。

⑥学ぶ姿勢を持つ

プロ人材を活用していても、「自分はなんでも知っている」と考えていると、プロ人材からの良い提案や新しい気付きを見逃してしまいます。そもそも施策はすべて自社で考え、プロ人材には提案させない、というスタンスの企業もあります。

せっかくお金を払って業務委託するわけですから、「このプロはよく知っている」と、どんどん提案させるほうがお得です。成果にもつながりやすいでしょう。優秀なプロ人材ほど、頼られることにやりがいも感じるものです。

前向きな提案であれば聞き入れる企業も多いですが、企業の課題の共有、新たな指摘、ということになると、そうでもありません。目をそむけたくなる心情はわかりますが、そうした課題の指摘も外部ならではの視点であることも多く、その改善策を提案してもらうべきでしょう。

⑦正社員への配慮

会社に長く勤めている正社員からすると、プロ人材の起用を必ずしもポジティブに感じない人もいます。「自分のポジションが取られてしまうかもしれない」「成果は出ていないけれど、好きな仕事だったのに……」「業務委託ではなく、なんでも指示できる部下を増やしたい」「自分のスキルをプロと比較されたくない」と不満に思う社員もいるでしょう。

その結果、社員からの反発が起きたり、モチベーションが下がったりする懸念もあります。企業側としては、プロ人材を導入する目的や意図を、社内できちんと説明するようにしてください。

「プロ人材は内製化のための活用で、それが実現したら離れてもらうよ」
「プロ人材が偉いわけではなく、並走してもらうんだよ」
「プロ人材から、新しいノウハウを学べる良い機会だよ」

社員たちにポジティブに捉えてもらえるように伝えましょう。

また、正社員からすると「プロ人材は高い報酬をもらっているのに、毎日出社しなくてもいいなんておかしい」と思うかもしれません。一方で、プロ人材からすると、「正社員はさまざまな法律や制度で守られている」という思いもあるでしょう。どうしても、隣の芝生は青く見えます。

そういったわだかまりを溶かすには、コミュニケーションしかありません。イベントを開くなど、意識的に正社員とプロ人材の関係性を円滑にするための場を設けることも必要です。

外注先の選び方

本章では、プロ人材の選び方についてご説明してきました。一方で、多くの企業にとって「外注」も有効な選択肢の1つであることは間違いありません。**プロ人材であっても外注であっても、大切なのは選び方**です。

ここでは、外注先を選ぶ際の判断基準についてお話しします。**人材派遣会社に依頼する場合などにも参考になる**と思います。

①誰が、どの頻度で携わるのか

第3章でコンサルティング会社の利用方法について触れた際にもお伝えしましたが、外注についても、外注先の「誰が」「どの頻度で」携わるのかを確認しておきましょう。営業窓口に優秀な人を置き、受注した仕事をこなしているのは新卒で入社したばかりの社員というケースもあります。

ただ、これは同じ会社内で業務が行われているため、ある程度のクオリティは担保されるでしょう。より注意が必要なのは、外注先から孫請け、ひ孫請けと仕事が流れていくケースです。

そうした場合、実務者に直接コンタクトを取りたくても、会社が違うため直接やりとりができないこともあります。元請けの会社がきちんと要望などを伝えてくれればいいのですが、そうでなければ思うような意思疎通ができず、成果が上がらないこともあります。

そうならないためにも、どのような体制で仕事を請け負ってくれるのか、事前に聞いておくことが大切です。

②期待値をはっきりさせておく

プロ人材を活用する際と同様に、「1年後、こういう状況を目指したい」「そのためには、半年後はここまで到達しておきたい」など、双方で期待値を調整しておきましょう。目標達成までのマイルストーンを把握しておくことで、思うように成果が出なかったときも、途中で軌道修正がしやすくなります。

営業担当のプレゼンを受けて「なんだか、良さそう」と外注先を決めてしまうのは危険です。どれだけ優れた外注先でも、プレゼン時点の施策はあくまで仮説です。必ず成功す

ると は言い切れません。好印象な提案ほど一度冷静になり、万が一のときに備えて、「成果が出なかった場合は、どのように路線変更しますか？」などと、聞いておきましょう。

③「他社事例」を冷静に見つめる

外注先のプレゼンで、自分たちが携わった他社事例を紹介してくれるところは多いと思います。

「当社のサービスにより、A社では売上が30％上昇しました」
「B社では、ホームページの集客率が倍増しました」

もちろん、実績があるのは素晴らしいことです。一方で、たくさんの他社事例を出すことで、ロジックをごまかそうとする会社があるのも事実です。

例えば、「弊社のサービスを提供したことが要因で、A社の売上が２００％増」というような事例がよくあります。そうした場合は、「そのサービス以外が成長に貢献した要素が大きかったのでは？」と疑う姿勢も必要になります。

「それまでの売上増加率は？（もともと２００％増程度は成長していたのでは？）」「その

結果、貴社を継続して活用し続けていますか？　合計何年活用していますか？（本当に良いサービスであれば継続されているはず）」といった質問によって、その信憑性を測ることができます。

また、事例はあくまで事例です。事例にある他社と自社では、規模や予算、人材やシチュエーションも異なる場合があります。参考にすべき事例は、自社の競合で、フェーズも近い会社のものです。スタートアップの会社が「大手のC社は、新規事業でこのように成功しました」といった事例を紹介されても、参考にはなりません。大手企業とスタートアップでは、使える人材も、資金力も、新規事業を立ち上げたときの消費者への影響力も異なります。

加えて、提示された事例について、「その会社にヒアリングしていいか」と聞いてみてもいいでしょう。場合によっては、外注先が他社事例に脚色していたり、盛っていたりする可能性があります。「紹介できません」と断られたら、その外注先は信用できないかもしれません。

ちなみに、キャリーミーでは、ヒアリングの希望があれば、すべて取り次いでいます。

中には、当社を介さずに問い合わせをする会社もあり、クライアントから「こんな問い合わせがありましたよ」と教えていただいて知ることになりました。

事例掲載先の企業とコンタクトを取るのは、決して悪いことだとは思いません。むしろ、裏を取ることをお勧めしています。

④「継続率」「リピート率」「料金」に騙されない

こちらも謳い文句の一例ですが、「継続率」や「リピート率」を訴求する会社もたくさんあります。こうした場合は、必ずその定義を確認してください。

一般的に、「継続率」と聞けば「初めて取り交わした契約期間から、さらに延長した割合」をイメージするかと思います。キャリーミーの場合、原則としてはじめの契約は「6カ月以上」としています。ただ、6カ月で目標を達成できるケースもゼロではありません。その場合は「任期満了」となるため、それ以降は契約が更新されません。

一方で、競合他社の広告で「継続率99％！」と表現しているところがありました。広告を読み込むと、小さな※印で「当社では、6カ月の契約が満了される率を継続率としています」と書かれています。つまり、契約を「延長した」割合ではなく、「6カ月の契約が途中解約されることなく、満了した割合」を指しているわけです。嘘はついていないけれど、それを「継続率」と呼ぶことに対しては疑問が残ります。

こうした数字については、「最初の1年を除いて算出しています（＝1年未満で契約解消になった数を、含めていない）」「2人目を起用したときからカウントしています（＝リピーターになった企業だけを数えている）」など、都合の良いように操作できます。高い数字を掲げているところほど、根拠についてチェックしてください。

同様に、料金体系にも気をつけましょう。業務委託での人材紹介をする会社の中には、「手数料無料」としているところがあります。一見、お得なように感じられますが、その会社に人材を紹介してもらうには、同社が運営している専用の求人媒体に会社の情報を掲載する必要があり、その掲載費用が高額なことがあります。

当社は、プロ人材の活用に至った場合のみ、企業から紹介手数料をいただく形で運営しています。どちらが良い、悪いということではないのですが、納得できる料金体系のサービスを選ぶようにしてください。

⑤機能ごとの依頼であることを前提に

プロ人材ではなく、広告会社やPR会社などの外注先に仕事を依頼する際、あらかじめ理解しておいてほしいのが、外注先は「機能ごと」に分断されているケースがあるということです。

これまでにお伝えしてきたように、広告の運用、ＳＥＯ対策、広報活動、営業……と、世の中にある施策はさまざまです。プロ人材だと、ＳＥＯ対策と営業など同時にアサインできますが、外注先は多くの場合、「広告会社は広告だけ」「ＰＲ会社はＰＲだけ」と絞られてしまいます。

例えば「ブランド構築」という目標があったなら、本来は、広告で認知を広め、ＳＥＯ対策で集客し、広報活動で問い合わせに丁寧に対応するなど、すべてを連動させる必要があります。業務の一部を外注先に依頼するのであれば、目標達成に向け、他業務との連携や進行管理を自社で行わないといけないということを、念頭に置いて考えるようにしましょう。

正社員が「不要」というわけではない

本書ではプロ人材の活用や外注の選び方をお話ししています。誤解されないように補足しておくと、私は正社員という働き方を否定しているわけではありません。正社員として働く人の中にも、当然優秀な人はたくさんいます。当社にももちろん正社員が所属しています。

そもそも、プロ人材になるためには、一定の経験が必要です。いきなりフリーランスで働いたり起業したりして実績を重ねるのは難しいでしょう。期間は別として、多くの場合は会社員として働く時期があります。会社で働くことはスキルを磨く貴重な機会ですし、独立する際の実績にもなります。

そうした前提の上で、正社員とプロ人材の違いを端的に示せば、「時間軸」にあると考えています。

基本的に、正社員は1日のうち一定時間稼働すること、長期にわたって働くことが求められます。そのため、各種保険や福利厚生、雇用の継続など、会社に守られている側面もあります。また、新卒入社であれば、「最初はスキルがなくても、2～3年後には成果を出す」ことが期待されています。一方、プロ人材はほとんどの場合、最初は6カ月や1年という短期間で成果を求められます。プロ人材として稼働した後に正社員として迎えられるケースもありますが、多くは6カ月～6年の短期・中期です。

加えて、担当領域の範囲の違いもあります。社員は広範囲での活躍を求められますが、プロ人材は特定の領域で成果を着実に出すことが求められます。

正社員とプロ人材、どちらの働き方が良いというわけではなく、大切なのは、個々人の状況によって自由に働き方を選べる社会の実現です。

これからは、退職や転職もポジティブな選択肢になると思います。正社員の退職を恐れる経営者もいますが、私はネガティブには考えません。もちろん、業務の引き継ぎなど大変なことはありますが、その後の関係が切れるわけではありません。

私は、離職する社員に「いつでも戻ってきてね」と声を掛けるようにしています。当社を退職してから、業務委託としてキャリーミーで活躍している事例も多々あります。正社員ではなくても、社内のことをよく理解している人に仕事を任せられるのは、企業としても安心です。

大手広告会社の電通を離れた元社員たちが、「ニューホライズンコレクティブ合同会社」という組織を立ち上げて、電通の仕事を請け負っているといった事例もあります。私が過去にいたドリームインキュベータにも、退職した後の業務委託枠というポジションがありました。

このように、「辞めてしまったから終わり」というわけでなく、その後も仕事を通じて関係が続くケースはたくさんあります。プロ人材を採用する側の視点で見ても、退職した会社とつながりのある人のほうが、高く評価できます。前職との縁が途切れていないということは、それだけ辞めた会社で活躍し、信頼を得てきたという証拠でもあるからです。

いろいろな働き方ができる社会になることで、稼働に空きがある人材や子育て中の人といった埋没労働力が掘り起こされ、日本の労働力不足は解消されます。スキルのある人が活躍することで、日本経済が活性化され、再び欧米諸国と肩を並べられるかもしれません。日本もそのような世界に向けて、確実に動き出しています。こちらについては、最終章となる第5章で考えます。

1000万円の借金を半年で完済「プロ人材は、天職」

進藤禎仁

大学を卒業後、サイバー・コミュニケーションズに入社。営業、ダイレクトレスポンスマーケティングなどを担当。ソフトバンクへ出向し、新規顧客開拓、顧客の広告メディアプランニングなどを担当。その後サイバーエージェントに転職し、通販コスメ・サプリの新規顧客開拓などに従事。

おそらく、多くのプロ人材は、夢や希望、熱意を持って独立という道を選ばれたのだと思います。

一方で、私の動機は……不純と言えば不純です。要は、お金を稼ぎたかった。新型コロナウイルスが世界に広がった2020年1月の某日。私は、「Xデー」と呼んでいます。FXで大負けし、およそ1000万円借金を抱えることになってしまったのです。

昔からFXやギャンブルが好きで、新型コロナ禍以前は結構うまくいっていました。新型コロナがニュースに取り上げられ始めた頃「コロナが経済に大きな影響を与える可能性がある」と報道されていても、気にも留めていませんでした。すると、その日のうちに、

ＦＸが大暴落を起こしました。複数の消費者金融から限度額を一気に借りて、全部ＦＸに投入しました。しかし1秒足らずで消えてしまい、手元には借金だけが残ってしまいました。

そんなある日、軽い気持ちで「副業で資料作成でもやってみよう」と、1件、ある会社のお手伝いをしてみたんです。

私は、過去にソフトバンクに出向していました。一時期「資料作成といえば、ソフトバンク」と言われるくらい、もてはやされた時代がありました。ソフトバンクのプレゼンや、資料作成に関連する書籍も、世にたくさん出ています。私の資料作成スキルも、どんどん伸びていきました。

初めて資料作成をお受けした際「これからもずっとお願いしたい」と、クライアントにお喜びいただき、1カ月で数十万円を稼ぐことができました。そのとき「ほかの会社からも受注すれば、借金を返せるのでは？」と思ったんです。

その日から、エクセルで売上と借金の返済額を管理するようになりました。日に日に減っていく借金額を見ていると、次第に返すことが楽しくなっていき、1000万円の借金をわずか半年で完済することができました。

現在は、プロ人材として資料作成のほか、広告の運用や広告会社へのディレクションなどをお手伝いしています。会社員時代は、広告番組の企画やCMの撮影ディレクション、ワールドカップに関するイベントの企画なども担当していました。しばらくは会社の仕事と並行してプロ人材としての活動を続けていましたが、2022年の5月頃、完全独立を果たしました。現在では、会社も立ち上げています。

プロ人材は、私にとって天職です。自分の得意分野に好きなだけ没頭することができます。いろんな人にも出会えますし、たくさんの案件に触れるほど、スキルも身に付いていきます。

プロ人材として長く働いていくためには、多種多様な案件に関わることが大切だと思っています。私は、プロ人材になってから、リスティング広告やSNS運用について学びました。仕事の依頼が入るたびに、知人にかたっぱしから声を掛け、詳しい人を探したり、他社のやり方を見たり、自分で勉強したりしています。

最近は、プロ人材も増えてきましたし、若くて優秀な人がたくさんいます。ダラダラと過ごしていては、私を大切にしてくださっている企業にもいずれ見放されるかもしれません。そんな事態に陥らないよう、日々成長するように心掛けています。

そういえば、3週間ほど前、またカジノに行きました。あろうことか、500万円の損を出してしまいました。そのとき隣にいたおじさんは「僕は、4000万円負けているよ。ハッハッハッ」と笑っていたんです。そのとき思ったのは「4000万円負けても笑えるくらい、ビッグにならないとダメなんだな」ということです。

ありがたいことに、現在ではたくさんの仕事をいただけるようになりました。毎日、睡眠時間は2時間です。よく「どうして、そこまで頑張るのですか？」と聞かれます。理由は、世の中にいる広告に携わる人たちに絶対に負けたくないと思っているからです。

会社員時代に感じたのが、セミナーを開催するような有名な人でも「中身」が伴っていない人が多いということです。決して高いスキルを持っているわけでないのに、偉そうにしている人もたくさんいました。「こんな人たちに負けたくない」というのが、私のモチベーションの源泉です。

だから「日本中の広告パーソンの中で、いちばん働いてやる！」と常に意識しています。

今後も新しいことに挑み、学び、働き、日本でいちばんの広告パーソンを目指します。

第5章

企業も個人も「挑戦」できる社会を

日本に足りないのは「挑戦」できる環境

挑戦者に注がれる非難の声

――絶対に、無理だろう。

2017年、北海道日本ハムファイターズに所属していた大谷翔平選手が、アメリカのメジャーリーグへの移籍を表明しました。その際、ピッチャーとバッターの「二刀流」を続けたいと意向を示したところ、日本中に否定的な意見が溢れました。

「メジャーで二刀流？　あり得ない」
「故障するに決まっている」
「きっとどちらも、中途半端に終わる」

しかし渡米後、ロサンゼルス・エンゼルスで大谷選手はピッチャーとしても、バッターとしても成功し、いまも大活躍しています。

2023年の「ワールド・ベースボール・クラシック」（WBC）では、バッターとしてだけでなく、ピッチャーとしてもマウンドに上がりました。決勝では強敵アメリカを打ち破り、日本を14年ぶりの優勝へ導きました。米国の強打者で同僚でもあるマイク・トラウト選手を三振で封じ込めたあの瞬間、思わず飛び上がった人も多かったのではないでしょうか。

新しいことに挑戦する人は、海外ではヒーローになれます。しかし、日本では、挑戦に対してまず注がれるのは、賞賛や応援ではなく「非難の声」です。

私は1996年に三菱商事に入社後、1999年に慶應義塾大学大学院の経営管理研究科修士課程に入学しました。その後、起業・売却を経て経営コンサルタントとして有名な堀紘一氏が設立したドリームインキュベータへ入社し、ベンチャー、スタートアップ、大手企業とさまざまな会社のコンサルティングや投資業務に携わりました。中小企業の経営や、革製品にも興味があったので、それからは、上質なレザーアイテムを取り扱う土屋鞄製造所で取締役兼COOを務めました。

いろいろな組織を渡り歩いてきて感じたのが、どこへ行っても組織の中では「失敗」が許されないということ、そして、たとえ成果を出しても、多くの場合は本質的な評価をしてもらえないことです。

会社員は、年度ごとに立てた目標を達成できなければ、当然評価されません。一方で、クリアできた年があっても、ボーナスや給与がぐんと上がるわけでもありませんでした。さらには、会社内で新しいチャレンジをしようと思えば、止められたり、否定されたり、足を引っ張られたりします。このような経験を、私もたくさん味わってきました。特に、三菱商事を退職するときには、「後悔するぞ」「バカなことはやめておけ」と、散々な言われようでした。

ただ、以前と比べて、最近は世の中の雰囲気も変わりました。

転職も起業もずいぶん一般的になりました。フリーランスという働き方も、一時期は「フリーター?」と軽んじられることが多かったですが、いまではごく当たり前になっています。その結果、自社の業務の一部を他社に委託するアウトソーシングや、個人事業主に業務を依頼する業務委託も増えました。

日本にも「挑戦」という大きな扉が開かれ始めています。

債務超過に免許剥奪……

キャリーミーを運営する株式会社Piece to Peaceは、エシカルファッション事業で会社経営をスタートさせました。私は三菱商事時代に、アフリカのタンザニア連合共和国での駐在経験があり、アフリカへの思いが強かったことが背景にあります。ファッションの分野で得たお金で、アフリカの子どもたちに教育や食糧を届けたり、学校施設をつくったりしたいと考えていました。

事業はそれなりにうまくいき、有名アパレルブランドや大手セレクトショップと協業し、大手デパートとの契約を取り付けることもできました。しかし、取扱店が増えるほど、重くのしかかってきたのが在庫管理費用です。

この状況を打開するヒントになったのが、当時、エシカルファッション事業と並行して運営していた、スキルのシェアリング事業です。デザイナーやＳＮＳ管理などのスキルを持っている人と、それを学びたいと思っている人を結び付けるマッチングプラットフォームです。これが、現在の当社の中核事業であるキャリーミーの原型です。

会員数は1万人以上に増え、手応えは感じていました。けれども、あくまでCtoCのサービスなので、1つの案件に対して動くお金は数千円から多くて数万円程度。そこから手数料をいただくという、とても細かなビジネスでした。そうこうしている間にも、在庫管理費用はさらに膨らんでいきます。

そこで頼ったのが、ベンチャーキャピタルからの投資です。幸い、5000万円の投資を提案してくれた会社がありました。

「これでなんとかなりそうだ。あとは事業モデルをどう大きくしていくかを考えるだけ」

ほっと胸を撫《な》で下ろしたのも束の間。投資を受けられると思っていたのに、最後の最後で審査が通らなかったのです。そして2016年、ついに法人口座の預金は底を突き、当社は債務超過になりました。

負の連鎖は続きます。債務超過が引き金となって、2017年には、人材紹介事業には欠かせない「有料職業紹介事業」の免許が剥奪されました。

当時、当社には正社員1名と、業務委託していたプロ人材7名が在籍していました。プロ人材たちからは「どうして免許がなくなったのですか？」と責め立てられました。プロ人材を不安にさせるわけにはいきませんし、私にもプライドがあります。「債務超過で……」とは、とても言えませんでした。

会社は倒産寸前。社長とは名ばかりで、自身への役員報酬・給与はゼロ、個人で1600万円の借金をし、会社の運営費に充てる。この頃は本当にもがき苦しんでいましたが、広義の意味でのスキルマッチング事業には、確かな未来を感じていました。会員数も増えていますし、何より、とても優秀な人たちが集まっていました。

当時すでにフリーランスという働き方が増えているということも、肌で感じられました。子育てのために会社は退職したけれど、正社員でなくてもいいから「働きたい」と考えている女性もいました。

あるとき、彼、彼女たちに尋ねました。

「素晴らしいスキルを持っているのに、なぜ企業と業務委託契約をしないのですか？」

すると、みんなが口を揃えて言います。

「顧問やエンジニアの人の中には業務委託で働いている人がいますが、デザイナーやSNS管理のポジションでは、契約してくれる企業がないんです」

私の覚悟と、次のビジョンが決まった瞬間でした。

「じゃあ、私たちが業務委託の案件を仲介できれば、挑戦してみたいと思いますか？」

「ぜひ！　ぜひ、やってみたいです！」

月額3万円。「プロ人材」誕生のきっかけ

優秀なスキルを持っている人が、世の中にはたくさんいる。一方で、彼、彼女たちの稼働時間は空いている。これをビジネスにどうつなげられるかを考えていたときに、偶然出会った人物がいます。現在、当社の取締役CMOを務めている毛利優子です。

毛利は、SEOの分野においてとても優秀です。スキルマッチング事業を広めていくためには、彼女の力を借りたい。しかし、彼女は当時3人の子どもを育てながら仕事をして

いました。それに、会社側としても正社員として雇用することは金銭面的に厳しい。高い報酬を出せずに、事業についてのビジョンと、それに懸ける想いを語ることしかできませんでした。

「優秀なフリーランスに、プロジェクトごとに仕事を提供していきたい」
「週5日フルタイムでなくても、1日でも2日でも、仕事の量を選べるようにしたい」
「そして、成果を出せば、それに見合った報酬を得られるようにしたい」
「起業や独立、リスクを取って挑戦する人に、チャンスを与えられる社会にしたい」
「誰もが自分の才能と努力で、人生を切り拓くことができる世界をつくるんだ」

毛利は、心から共感してくれました。彼女はSEOの分野で活躍しているかたわら、ワーキングマザーを応援するサイトの立ち上げや、仕事と育児の両立などをテーマにした書籍の出版、企業での講演などを行っていました。人生の中では、子育てに限らず、介護や病気など、働く時間や場所に制約を受けることがどうしても起きてしまうため、自由にキャリアを積むことができる世界を望んでいたのです。

「大澤さん、私の報酬は月額3万円でいいですよ！」

こうして、Piece to Peaceは毛利優子という「プロ人材」と、月額たったの3万円で業務委託契約を結びました。キャリーミーのスタートです。

キャリーミーのスキルマッチング事業を大きくしていくためには、企業への営業活動を行うのはもちろんのこと、各社の多様なニーズに対応するため、たくさんのプロ人材を集めることが欠かせません。

そこでは、毛利のSEOの知見が大いに役立ちました。まずはウェブページをつくろうと見積もりを取ると、1000万円以上。3万円でプロ人材を働かせていた会社ですから、到底、払うことはできません。

困っていると、毛利が安価にウェブページを制作できる求人サイト用のパッケージを見つけてくれました。それを利用して簡単なサイトをつくり、彼女の得意分野でもあるSEOを生かして登録者を集客しました。すると、みるみるうちに人が集まり始めます。

サイトへの登録者数が増えるのと並行して、企業から獲得する業務委託案件も増加していきました。初年の2016年の売上が200万円だったのが、翌年には1000万円を達成し、およそ3年で通期での黒字化を実現しました。

その後はうなぎ上りで、売上は直近4年間（2023年8月決算）で5倍以上に。またパーソルグループや本田圭佑氏、ベンチャーキャピタルなどから5億円の投資（融資含む）をいただくなど、急成長しています。プロ人材も毎月100～200人が登録し、現在では1万人以上となっています。

正社員vs業務委託の構図

こうして、キャリーミーは順調に成長していきました。ただ、やはり良いことばかりは続きません。売上は年を追うごとに伸びていましたが、キャリーミーを立ち上げてから3年が経とうとした頃、社内に不協和音が生じ始めました。

もともと、キャリーミーは社長1名と、業務委託の7名でスタートしました。あるとき、正社員の人数を3名に増やしたことがあります。すると、業務委託契約を結んでいるプロ人材から「なぜ正社員を採用するの？」「業務委託だけでは駄目なの？」と反発が起きました。プロ人材からすると「結局、正社員を採用して、普通の企業にするんだ」という矛盾を感じたようです。

もちろん、正社員には正社員の良さがあります。長期にわたって働いてくれますし、会社の雰囲気を良くすることに貢献してくれます。入ってすぐには成果が出せなくても、2～3年後には成長してくれます。それに、組織としてビジネスをしていると「これは誰がやる仕事？」といった、グレーゾーンの仕事が発生します。それを回収できるのは、やはり正社員です。

一方で、これからの日本にプロ人材は絶対に欠かせないとも思っていました。キャリーミーで力を発揮してくれた毛利のように、企業はなるべく早く、できるだけ確実に成果を出してくれる人材が必要だからです。

両者に円滑に動いてもらうため、この頃は社内での対話を意識的に増やしました。正社員、業務委託のどちらも会社にとって不可欠な存在であるということ、タイヤの両輪のようにどちらかが欠けてしまったら会社は立ち行かなくなってしまうことを、丁寧に説いていきました。

全員参加の総会やイベントを開催したり、リモートワークがメインのプロ人材にもミーティング時には出社してもらったり、両者のコミュニケーションを活性化させました。現在では両者のわだかまりは解消され、それぞれが活躍の場を見出しています。

このようにして、私たちは走り続けてきました。そしていま、この成果が多くの企業に認められ、プロ人材は活躍の領域を広めています。知名度がない会社が優秀な人材を確保することが極めて難しい現在、そしてますます厳しくなっていく労働人口の構造を考えると、企業を、日本経済を、そして未来を変えてくれるのが、プロ人材だと私は信じています。私たちは何度も壁にぶつかってきましたが、その結果、理想の姿へ近づいていると感じます。本書の最後に、企業が、そして個人が「挑戦」することの意味について、お話しします。

「公平な格差」は多くの人に機会を与える

新型コロナウイルスは、私たちの生命を脅かした一方、たくさんの変革をもたらしました。1つは、各企業でDX化やアウトソーシングの活用が加速したこと。もう1つは、たくさんの企業が「業務は成果で管理しなければいけない」と、気付かされたことです。

多くの経営者は、従業員を「時間で管理したい」と思っています。それが最もわかりやすく、簡単だからです。極端な言い方をすれば、在宅勤務をする社員にタイマーを付けておきたいと思う経営者もいるかもしれません。パソコンを起動したら、自動的に管理者に通知が届くようなシステムを導入しているところもあります。

しかし、実際は社員がスタートボタンを押したまま散歩に行ったとしても、シャワーを浴びていたとしても、ほかの人にはわかりません。それでは、従業員をどう管理するのか。ここでようやく「成果」でしか管理できないことに気付かされたのです。

これらの変化と同時に進んでいるのが、プロジェクトごとの働き方です。新型コロナ禍がきっかけで、アウトソーシングや業務委託という働き方が普及しました。1つのプロジェクトが立ち上がるたびに新たなチームが結成され、終了後は解散する。この流れは、業務委託に限らず、それぞれの企業内でも起こっています。

業務委託、正社員問わず、優秀な人ほどたくさんのプロジェクトに起用されている。これは、私はとても公平なことだと思います。**努力をした人が、お金や自由な働き方、やりがいのある仕事、大きく言えば夢も手に入れることができます**。

プロスポーツ選手のように、頑張って成果を出せば出すほど、年俸が上がっていく。こうしたことに対して、「格差が広がるのではないか」という人もいます。しかし、公平な格差は歓迎されるべきです。

これから、個人に求められる能力や働き方は、よりシビアになっていきます。時間的な拘束ではなく、スキルや専門性が求められるようになります。そうした中で、自分の能力が直接お金ややりがいに影響するのであれば、努力する人が増えるはずです。

変化が激しい現代ですが、**スキルさえ磨けば、自分の力で何でも解決できる時代でもあります**。「自分が本当にやりたいことは？」「この課題を解決するには、どうすれば？」この機会に見つめ直し、挑戦の一歩を踏み出してほしいと思います。

「人材の再配置」が進む社会で企業に求められるもの

これだけ働き方が変化しているのに、多くの大手企業ではいまだに新卒一括採用、年功序列型賃金が採用されています。

こうした状態からもわかるように、日本には「横並び」の文化が根強く残っています。何か新しいことをしようとする人や、頭一つ抜ける人を見つけると、ことごとく足を引っ張ろうとします。失敗をよしとせず、プロジェクトがうまくいかなかったら、人事評価に「×」が付きます。

これまでは、それでうまくいっていたのかもしれませんが、今後は立ち行かなくなります。何度もお伝えしたように、正社員は年々採用しづらくなり、業務委託という働き方を選ぶ人は確実に増えています。昔と比べて、転職も一般的なものになりました。

世の中は「流動性の高い社会」に向けて動き出しています。1人の人材が2～3社を掛け持ちして仕事をこなすことで、労働力不足の問題が解決される可能性もあります。

企業からすると、プロ人材のように、依頼したいときに依頼したい量だけの仕事を発注できれば、正社員を長期にわたって雇うより相対的なコストが抑えられます。そこで得られる成果は、ここまでお話ししてきた通りです。

個人にとっても、先述の通り、得られる報酬が大きくなる人もいます。会社員だと、受け入れるしかない異動や単身赴任なども、業務委託なら関係ありません。好きな仕事を、好きな場所ですることができます。

以前は「一度フリーランスになったら、もう正社員には戻れない」「転職すれば、業務内容のレベルは落ち、報酬も下がるだけ」と言われていた時代もあります。しかし、現在は、そのようなことを言っている企業の採用活動は成り立ちません。

このように、正社員から業務委託に、業務委託から正社員に、そして転職など、個人が好きな仕事、働き方、報酬を求めて、流動的に動けるようになりました。一度子育てで第一線を離れていた人も、活躍できる土壌が整いつつあります。

適切な人材を適切なポジションに配置する、「人材の再配置」が起きている。そうすると、個人としては自分のしたい仕事をできるならどの企業で働いてもいい、ということになります。そして、同じ業種の企業は世の中にたくさんあります。

そうした環境で**企業が働き手を確保するために求められるのは、求心力**です。「この会社で働きたい」と思ってもらうためには、会社のビジョンや存在意義を、きちんと言語化して伝えていくことが大切です。人の心を動かすのは、お金だけではありません。創業した理由や目標、どうして会社を経営しているのかなど、**自分たちの想いを言葉にして表現する必要があります。**

いまは至るところでビジョンの大切さが説かれています。**消費者や取引先は、その企業が何を大事にしているかを見ている。**そんな中で「ＳＤＧｓが流行しているからとりあえずＳＤＧｓを掲げる」という姿勢では、簡単に見透かされてしまいます。自分たちが本気で考えていること、本当に成し遂げたいと思っていることを、言語化してみてください。

その挑戦を最大限にするために

残念ながら、日本の市場は年々縮小傾向にあります。企業がいまより売上を増やそうと思うと、現時点では海外に出るか新規事業を立ち上げるくらいしか、選択肢が見つかりません。

そうした状況で、多くの企業はさまざまな計画を立てています。けれども、テクノロジーの進化やＡＩの台頭など、先の読めない現代では、「計画」は時に意味を成さないことがあります。

こうした社会では「もし、この計画がうまくいかなかったときは、どうするのか？」と、第２、第３の道筋を立てておく必要があります。ここでも、ＰＤＣＡを回していく発想が大切です。３年かけて失敗するのと、１カ月で誤りに気付けるのとでは、ダメージに雲泥《うんでい》の差があります。

「もし失敗するのなら、早めに失敗しよう」「そして、失敗の原因を突き止め、成功のための仮説を考え検証しよう」。これを繰り返すことで、やがて、必ず大きく成功するものが見つかります。

とはいえ、大きな失敗をしてしまえば、ビジネスは立ち行かなくなります。「正しい失敗」のためにはどんな考え方が必要なのか、私なりの基準をお伝えします。

①小さな変化を積極的に吸い上げる

日本市場がシュリンクしている一方、過去に成功体験を積んでいる年長者の中には「なんだかんだで、いままで上手くやってきた」と考える人もいます。この事態に危機感を募らせているのは、特に20代、30代の若い人たちです。そして企業を取り巻く小さな変化にいち早く気が付くのも、こうした現場にいる人たちです。

しかし、その声が上に届きません。日本の会社組織の多くは、社長、マネージャー、リーダーなどと階層型になっています。階層型が必ずしも悪いわけではないのですが、デメリットはあります。メンバーがリーダーに上げた報告が、必ずしも社長にまで伝わるとは限りません。社風によっては、下からの提案は「生意気だ」と取り合ってもらえないところもあります。

同時に、若い人も積極的に報告・提案をしていない側面もあると思います。日本の多くの企業では、「減点主義」が根付いています。良い提案をしてもそれほど評価されない。一方で、悪い提案をしてしまうとたちまち減点になる。もしくは提案の内容ではなく、提案内容を実行した結果で減点されてしまう。このような環境では、「提案なんて、しないほうがマシだ」と考えてしまっても、仕方がありません。

当社では「どんどん提案してほしい」「提案することを、むしろプラスに評価する」と伝えています。当然、減点なんてしませんし、その案を採用しないときは、理由も踏まえてきちんとフィードバックしています。

遠慮がちな提案だった場合には、もっとスケールの大きな思考を持ってもらうように伝えます。「2割改善される提案ではなく、もっと大きなアイデアを出してみて」「変な案を出しても怒らないから、会社の売上が10倍になるとか、世の中を１００倍良くする提案を考えてみて」。そのほうが、面白がって本気で考えてくれます。

私は、従業員の声をたくさん聞くため、オフィスの入り口付近に自分の席を置いています。１日のうち何度か、従業員が私に声を掛けてくれたり、チャットツールで提案をしてくれたりします。人は、みんなそれぞれ違う脳を持っています。私の頭は1つしかありません。そこに異なる考えをインプットしてくれる存在は、とても大切です。

当社も初めからこのような形式を取っていたわけではありません。きっかけは、ある入社1年目の社員の「うちの会社には、フィードバックする文化が足りない」という発言でした。そこから「何事にも、フィードバックをきちんと行っていく会社にしましょう」と号令を掛け、現在に至ります。

反対に、私がアラートを出しているのが、現場の報告よりも先に私が周辺環境の変化に気付いた場合です。例えば有用な新しいソフトウェアや顧客の動向は、なかなか経営者に届きづらい。そうした変化を見つけたときは「どんな些細なことでも、遠慮なく報告してほしい」と伝えるようにしています。

②大きな失敗をしないための考え方

挑戦は、高い目標を掲げれば掲げるほど、リスクを伴います。私は、必ずしも大きな挑戦ばかりにトライする必要はないと思っています。

講演会などで挑戦について解説する際には次のようにお話ししています（図表⑩）。

図表⑩「挑戦」を4象限に分ける

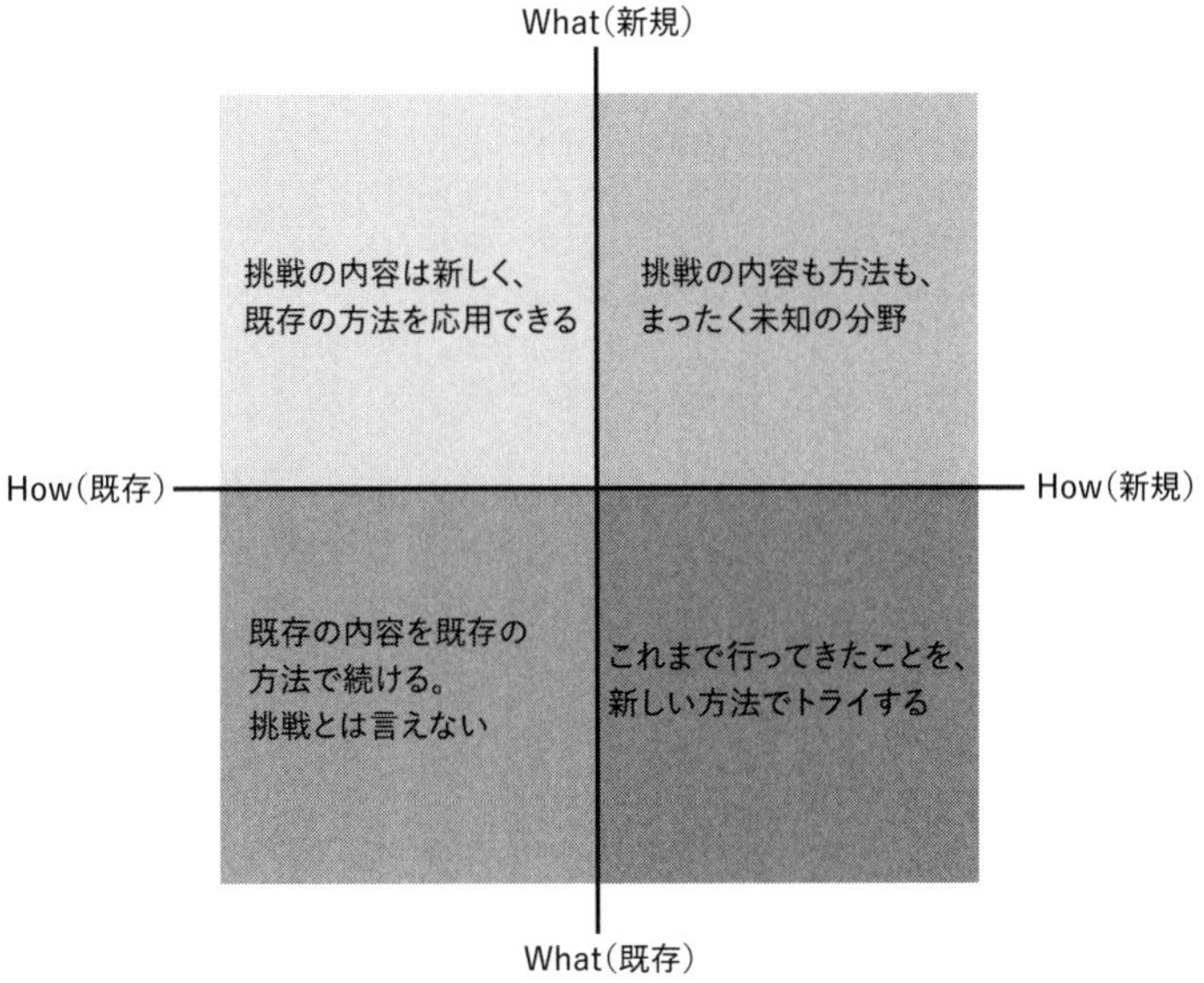

まず、挑戦の縦軸を「Ｗｈａｔ（何を）」、横軸を「Ｈｏｗ（どのようにして）」とで分けて考えます。そこから、起点に近い方法を「既存」、その先にある方法を「新規」とします。

❶Ｗｈａｔ（新規）×Ｈｏｗ（新規）＝リスク高
❷Ｗｈａｔ（新規）×Ｈｏｗ（既存）＝リスク中
❸Ｗｈａｔ（既存）×Ｈｏｗ（新規）＝リスク低
❹Ｗｈａｔ（既存）×Ｈｏｗ（既存）＝挑戦ではない

「Ｗｈａｔ」は「何に挑戦するのか」であり、「Ｈｏｗ」はその手法です。キャリーミーを例にして解説します。

❶Ｗｈａｔ（新規）×Ｈｏｗ（新規）
挑戦の内容も方法も、まったく未知の領域である場合です。

例えば、化粧品会社が飲食部門を新たに立ち上げたり、外食企業が不動産業界に参入したりする。新しいことに新しい方法で取り組むため、リスクは高くなります。事前に考えられるリスクを洗い出し、得られるリターンとのバランスを考慮する必要があります。

❷Ｗｈａｔ（新規）×Ｈｏｗ（既存）＝リスク中

挑戦の内容は新しくても、方法はこれまで会社が培ってきたものを応用できるパターンです。

例えば、事務機器などＯＡ機器の卸事業が中心だった企業が、その営業力（Ｈｏｗ）を活用して他社の商材の営業代行会社や代理店事業など新しい事業を行う例です。新しい分野に挑戦しても、方法はいままでのやり方を応用できるため、リスクは中程度です。

❸Ｗｈａｔ（既存）×Ｈｏｗ（新規）

これまで行ってきたことを、異なる方法でトライするケースです。異なる方法とは、本書でいう「施策」と同義です。

商品やサービス内容はそのままに、打ち出し方を変えたり、さらなる市場を開拓したりする挑戦です。「有名人をイメージキャラクターに起用する」「日々の営業活動や協業への取り組みを強化する」「メディアに向けたカンファレンスを実施する」。商品・サービス内容を変えるわけではないので、3つの中で最もリスクとハードルが低いチャレンジです。

挑戦に慣れていない企業は、いきなり大きな挑戦に挑むのではなく、小さな挑戦を積み上げ、成功体験を獲得していくことが大切です。企業のフェーズや目標に応じて、最適な挑戦を選んでください。

ただし、リスクが小さく、リターン（の可能性）が大きいものを選ぶのが正しいリスクの取り方です。複数の新規のＨｏｗを挙げて、最も大きなリターンとなり得るＨｏｗを選定すべき、ということは忘れないようにしましょう。

私を含めて、日本人はリスクが少なくリターンが小さい、もしくは中程度のものを選ぶ傾向が強いと言えます。ここを意識して、リスクが中程度であっても大きなリターンを得られるものを選んでいくことで、より大きい成功を得られる機会が増えるでしょう。

③挑戦に必要な「計算」

「挑戦に必要なもの」と言われてどんなことをイメージするでしょうか。「勇気」「情熱」「資金」「人脈」。どれも正しいですが、私は挑戦に絶対に欠かせないものは、リスクに対する「計算」だと考えています。

先述の通り、挑戦には少なからずリスクが伴います。リスクと言うと、多くの人は損失、つまり「お金」のことを想像します。しかし見落としがちなのが「時間」と「信用」を失うリスクです（図表⑫）。

たいていの人が意識するのが、短期的に儲かるのか、損をするのかです。しかし、本当に大切なのは、長期目線で考えたときの「時間」と「信用」です。お金は資金調達である程度どうにかできますが、時間は有限です。

信用は、長い年月をかけて培っていくものです。それを失う典型的な例が、優秀かつ将来を見込まれている幹部候補の社員が会社に隠れて副業をして、それが見つかったときのリスクです。副業での収益という短期的なメリットを優先した結果、自社での信用という長期的なメリットを失い、ひ

図表⑫「お金」「時間」「信用」を長期と短期の目線で考える

	お金	時間	信用
長期目線（重要）	**見落としがち**	**見落としがち** ほかのことに時間をかけたほうが将来につながるのでは？	**見落としがち** 目先の利益にとらわれて、信用を落とさないか？
短期目線（意識しやすい）	**短期的なお金にとらわれがち**	**見落としがち**	**見落としがち**

いては幹部への道まで閉ざされてしまいかねません。

新たな挑戦に挑む際は、必ず「達成するのに、どれくらい時間がかかるのか」「目先の利益に目を奪われて、信用リスクはないのか」を意識しましょう。場合によっては、ほかの選択肢に時間をかけたほうが、自社や自分の成長につながる可能性があります。

こうして、リスクを冷静に捉えることができれば、挑戦すべきかどうかの意思決定もしやすくなります。

④長期思考で挑む

これまでの多くの日本企業は、時間を軸にしたマネジメントを行ってきました。「何時間働いたのか?」を見て、短ければ評価されず、残業をしている人ほど「頑張っている」という風潮もありました。

けれども、今後は成果で管理することが求められます。仮に、1年後の目標数値が「100」ならば、1か月後には「10」、半年後には「50」など、目標到達までの道のりを設計し、働いた時間ではなく目標への達成度で計測していく必要があります。もちろん、思った成果が上がらない場合は、軌道修正が必要です。

その際も、気をつけてほしいのが「短期目線」にならないことです。成果を出さなければいけないとなると、人はどうしても短期思考になりがちです。

最近、当社のマーケティング部の一部のスタッフが「CPAの低いクリエイティブは何だ？」ということばかりに注目してしまっていました。もちろん、顧客獲得単価が低ければ低いほど、成果を出すのにかかった費用も少ないということですから、悪いことではありません。

しかし、クリエイティブをどうするのか以前に、まず考えないといけないのは自社の本質的な価値は何で、その訴求のために「誰に、何を伝えるか」です。

考えられる訴求パターンにもいろいろあります。「優秀なプロ人材がいます」と「質」を見せるのか、「プロ人材が1万人登録しています」という「量」で伝えるのか、「1週間でアサインできます」という「速さ」で訴求するのか。それを決めるためには、「誰に、何を伝えたいのか」が大切で、手当たり次第にCPAが低い広告を打っていても、実現するものではありません。「自社の戦略と照らし合わせて、長期的に見て、どう在りたいのか」を熟考する必要があります。

もう1つ例を出します。最近、企業でよく運用されているInstagramも、ただ使うのではなく、「何のために活用するのか」を、あらかじめ決めておかなければなりません。フォロワー数を増やして営業に使いたいのか、ブランディング構築なのか。その2つだけを見てもアプローチ方法はまったく異なってきます。長期的に見て、自社に必要なのはどちらなのかを考えるべきです。

人間は、弱いものです。「3年後、こんな大きな成果が得られる」と頭でわかっていても、「明日これがもらえるよ」と言われれば、そちらに飛び付いてしまいます。短期目線になると、どうしても目先の利益にとらわれてしまいがちです。

第3章でお話ししたように、目標はなるべく高く掲げましょう。大きい目標のほうが、クライアントはもちろん、社内の従業員からの求心力も高まります。

「どんな仕事をするか」を自由に選べるように

本章の最後に、個人のキャリアについて、少しお話しします。

第３章では業務の分解について触れました。**業務の分解の手法は、個人のキャリア達成にも有効**です。

例えば、10年後に「年商10億円の経営者になり、年収１５００万円以上を達成する」という目標を立てたとします。その達成方法は４つ考えられるでしょう。

①自分で創業して達成する
②いまの会社の社長になる
③いまの会社の子会社の社長になる
④他社にヘッドハンティングされて社長になる

一例として、①の場合は年商10億円の売上を上げて十分な粗利をつくるには、どのようなスキルや経験が必要かを考えます。
その分野・業界での十分な知見を得るためには、一定期間本気で取り組む必要があるでしょう。ＭＢＡに関する書籍や優良記事なども良いですが、可能であればビジネススクールや、コンサルティングファームでの経験があったほうが有利です。また、ディスカッションや相談相手になってくれる先輩経営者が必要です。こうしたものを3年から5年かけて準備していけば、目標達成に大きく近づくことができます。

ちなみに、私の20代の頃の目標は「40代までにはヘッドハンティングされる経営者になる。自身で経営もできるし雇われ社長もできるための経営スキルを確保しておく」というものでした。
そのために必要だと思ったことが、体系的な学びとステージの違う経営実務での経験、経営者としてのマネジメントの経験でした。忠実に実行してきた結果、経営者としてお声を掛けていただけるようにはなりました。

どんな目標でも、「どの小さな目標（多くの場合3～5つ）達成すれば大目標を達成できるのか」と分解すると実現しやすくなります。ぜひ、挑戦を始めてください。

いままでの日本は、「失敗した人に冷たい社会」でした。新卒一括採用、年功序列の人事制度、横並びの文化……。「独立する人＝変なヤツ」という認識すらありました。そして失敗したら「それ見たことか」と陰口を叩く。

そのような中でも、プロ人材は活躍し、確実に成果を上げ、いま、良い循環が生まれ始めています。今後、世の中の評価は、もっと変わってくることでしょう。そうなれば、**挑戦する人はさらに増え、社会がより良い方向に向かう**と思っています。

人生は自分だけのものです。本来は、**個人が何を仕事とするのか、どうキャリアを積み上げていくのか、どんな挑戦をするのか、自由に選べるべき**です。チャレンジをすれば、時には失敗したり、回り道をしたりすることもあります。そうしたリスクを取って挑戦し、成功した人を賞賛する社会、失敗した人も再度チャレンジできる社会の実現を、私たちは目指しています。

Microsoft を経て60歳で独立「自分の世界がさらに広がった」

四倉清志さん

密着・実践型営業コンサルティング。Office C Four 代表社員。ユサコ株式会社取締役。サン・マイクロシステムズ、Microsoft など、米国の大手IT企業日本法人でビジネス開発、新規市場開発、営業およびマーケティングを担当。独立後はさまざまなベンチャー企業、専門ソフトウエア企業の新規市場開拓、営業を支援。

私は60歳くらいまで、米国の大手IT企業を数社、渡り歩いていました。本当はもっと早くに独立しようと思っていたのですが、会社を辞めようと思ったタイミングで、ありがたいことにいろいろな会社からお声掛けいただき……。気がつくと、定年間近になっていました。

「満を持して」と言えば格好が良いですが、遅ればせながら独立。しかし、そうそううまくはいきません。「独立したら、ぜひ一緒に仕事をしましょう」と言ってくださるクライアントは数社あったのですが、そうは言っても、一度に何十万円分も発注してくれるところはなかなかありません。それに、当時からシステムエンジニアに関する仕事の問い合わせは多かったのですが、私は文系の出身で、専門は経営学でした。

「今後、仕事の幅を広げるためにはどうすればいいか」と考え、キャリーミーに相談しました。

私は会社員時代、エンタープライズと呼ばれる大手顧客との緊密な関係を構築・維持するアカウントマネジメントというポジションにいました。名刺の肩書きで言うと、新規事業開発、既存事業の拡大、企業間の関係を構築する「ビジネスデベロップメント」です。世界のトップ企業で働いたことは、キャリアとしては見栄えが良いかもしれません。けれども、これらは経験の1つに過ぎません。私は、プロ人材としてキャリーミーに参加したことで、自分の世界がさらに広まったと感じています。

プロ人材としてお手伝いした会社では、見込み客リストをつくったり、顧客の課題や要望を解決するための会話・シナリオを記した台本（トークスクリプト）を制作したりしました。年間計画書や要員計画書を、企業のみなさんとつくることもありました。顧客との関係構築が上手くできていなかった会社では、大口のクライアントには専任の営業を置いたり、「当社の営業を、〇〇月までに××人、先方の上級意志決定者に会わせる」など、具体的な営業始動の年間プランも用意しました。

プロ人材として、クライアント企業のみなさんによく言っていたのは「目標を立てる際は、なるべくそれを数値化することが大切だ」ということです。企業で働く人の中には「今月の重点項目は?」と尋ねた際に「キーマンにアタック」など、抽象的なことしか言えない人がいます。

そういうときは「信頼してもらうためには、何をしますか?　しましたか?」と深掘りして聞いていきます。「電話を2回掛けました」という答えが返ってきたら「足りないですね」と指導します。

このように、2023年現在ではプロ人材として、先述のような営業のプランニングや、ビジネスコーチングといった2本立てで事業を行っています。個人事業主を卒業し、法人化も実現しました。

プロ人材として働き続けるため、私が大切にしていることは、①専門性、②体力、③人とのつながりです。

世の中は、刻一刻と変化しています。プロ人材は、頭の中が古くなってしまうと即、アウトです。そのため、自分の専門知識を、常にアップデートすることは欠かせません。「あの人、昔の顔のままだな」と思われてはいけないのです。

最も大切なのは、2つ目の「体力」かもしれません。会社員時代にも感じたのですが、海外のカンファレンスに参加している際、ホテルのジムに真っ先に向かうのは、いちばん偉い立場の人たちでした。朝早くから、中庭で誰かジョギングしていると思ったら、それが本部長だったりするわけです。

「60代になっても、懸垂が10回できるようにする」「フルマラソンを走れる体力は維持する」など、なんでも構いません。「どれくらいの基準を維持するか」を考え、それをキープすることで長期に渡って活躍できると思っています。

最後に、人とのつながりです。人とのリレーションによって道が開ける場面は、決して少なくありません。仕事というダイレクトな形でなくても、さまざまな人から得られる情報や知見は、何にも変えがたいものです。

そのため、私は毎月「今月は、知らない人と何人会ったか?」「活動に何回出席したか?」と、カウントするようにしています。

お世辞ではなく、キャリーミーに参加して、本当に良かったと思っています。今後もプロ人材として、さらに自分をアップデートしていきたいですね。

おわりに

人生で最初の「資金調達」は、大学生のときでした。

それまでの私の人生は、親に押し付けられたような側面がありました。

当時、私は早稲田大学に通っていました。早稲田大学に入ったのも、そのまま大学へ上がれる高校を選んだのも、親の意見でした。このまま就職したら、無駄のない人生かもしれないけれど、面白味がない。だから、あるときアメリカへ留学しようと思ったのです。

その頃、留学はいまほど一般的ではありませんでした。当然、両親は大反対です。

「そんなことをしたら、大企業には就職できない」
「大企業は、何色にも染まっていない純粋な学生を採用するものだ」
「外国で変なものを目にした学生なんて、色眼鏡で見られてしまう」

一方で、私に協力してくれた人もいます。兄と、祖父です。

当時は、いまのように留学エージェントも発達していませんし、見つけたとしても高額でした。私は、2人から100万円ほどのお金を借り、自分もアルバイトをして、100万円を稼ぎました。

資料はアメリカからすべて自分で取り寄せ、英単語を辞書で引きながら申込書を書いたことを、いまでも覚えています。向こうから返事が返ってこず、たどたどしい英語で国際電話も掛けました。

そうこうして、何とか留学に漕ぎ着けました。カリフォルニア州立大学サンバナディーノ校でした。

アメリカの地に降り立った瞬間は、不安でいっぱいでした。けれども、反対を押し切ってここまで来たわけですから、「絶対にやり遂げないといけない」という思いもありました。

私はギリギリのお金で渡米していたのですが、日本から来たほかの留学生の中には、中古の車を買って乗り回している人もいました。私は最も安いドミトリー（寮）に入居し、その後転校したUCバークレー校でも徒歩とバスを乗り継いで学校へ通います。境遇の違いに、悔しさを感じることもありました。

けれども、アメリカ留学は、私に小さな成功体験を与えてくれました。

アメリカに行くまで、私には自己肯定感がありませんでした。何か大きなことを成し遂げた記憶も、何かで1番になった経験もありませんでした。

ところが、留学してから3カ月ほど経った頃、インターナショナルエコノミクスという国際経済学の小テストで、満点が取れたのです。その後、カリフォルニア大学バークレー校へ編入しました。6カ月間のサーティフィケートプログラムというビジネスコースのようなものを受講していたのですが、そこでも最後に優秀賞をもらうことができました。

そのとき、私の周りを取り囲んでいたのは、ひがみや嫉妬ではなく賞賛の声でした。

「この国では、努力をして成果を出せば、ちゃんと認めてもらえるんだ」

そう思った瞬間でした。

当時から、アメリカでは起業する人が多く、同級生からも「将来、一緒に会社を経営できるといいね」と言われることもありました。「ここでは、チャレンジが当たり前なんだ」と、自分の中で新しい選択肢が芽生えたきっかけでもありました。

留学での経験の1つひとつは小さなものです。けれども、生まれて初めて自分で勝ち取っていった小さな成功体験は、積み重なっていくことで大きな「成果」となりました。私にとってのターニングポイントです。

その後、三菱商事に入社したことには、両親や当時の一般社会の「留学をした学生は、大手企業には入れない」という偏見は過ちであり、挑戦した人が報われるということを証明したいという想いがありました。

三菱商事ではアフリカのタンザニアで駐在の機会を得ました。退職後は、慶應義塾大学大学院で、再び勉強に励みました。そこから起業を経てドリームインキュベータ、土屋鞄製造所と、さまざまな場所でチャレンジを重ねました。そうするうちに、アメリカで知ったあの選択肢が、再度現実として浮かび上がってきました。「起業」です。

エシカルファッション事業で得たお金で、アフリカの子どもたちに教育や再度食糧を届けたり、学校施設をつくったりしたいと考えていました。しかし、第5章でお話ししたようにPiece to Peaceを立ち上げて7年間は、本当に苦しいものでした。知っていたつもりだけれど、想いだけでビジネスは成功しないことを、改めて感じました。

お金がなくて、500円の昼食すら食べるか悩むこともしょっちゅうでした。実際に、食べられない日もありました。

人間は追い込まれると、まともな判断ができなくなるとよく言いますが、それは本当です。お金がなく、空腹の状態だと、普段は無視するような怪しい情報商材の広告が、やたらと目に入りました。「すぐに儲かる！」「簡単！　誰でもできる！」という謳い文句に、何度か釣られてしまいそうになりました。この体験から「キャッシュポジションは高く保っておくべき」という学びは、私からみなさんにお伝えできるアドバイスの1つです。

事業を畳もうとか、もう諦めようと思ったことは一度もなかったけれど、振り返ってみて、あのとき、諦めなくて、本当に良かったと感じています。

世の中に「三木谷曲線」と呼ばれているものがあります。楽天の創業者である三木谷浩史さんの考え方で、限界まで頑張った結果、さらに0・5％の努力を積み上げることで、決定的な差が生まれることを説いたものです。

私も同感です。そもそも100％でやり切らないと、後で振り返ったときに、「過程」の検証ができません。全力で走り抜けたからこそ、成功だったのか、失敗したのかがわかるのです。中途半端な努力だと、そもそもこの施策が悪かったのか、頑張りが足りなかったから失敗したのかが、わかりません。

500円の昼食を我慢して「業務委託なんて、不安」という企業を説得して回って、少しずつプロ人材の活躍の場を増やしてきました。私は、この事業を100%の力で進めてきたと言い切れます。もし、この先にキャリーミーが失速するようなことがあれば、それは努力が足りないのではなく、選んでいる施策が悪いと判断できます。ならば、施策を入れ替えるだけで、再び浮上できるはずです。

とは言うものの、なんでもがむしゃらに推し進めればいい、というものでもありません。新卒で入社した三菱商事を辞めることは、私にとっても「リスク」でした。

最初に事業を立ち上げたのは、慶應義塾大学大学院の経営管理研究科に通っていた頃です。勉強をしながら「事業に芽が出なかったら、スクールを卒業後に転職しよう」と考えていました。いわゆる、リスク分散です。このとき立ち上げた事業は、最終的に米国企業に売却し、その4年後に会社をサイバーエージェントに売却しました。

キャリーミーをローンチ後、2016年初年度の売上が200万円でしたが、2017

年には1000万円、2018年には7000万円、その勢いのまま現在まで急成長しているのです。

再起不能となっては、意味がありません。再び立ち上がらなければ、「成功までのサイクル」を回せないからです。第5章でお伝えしたように、大きな失敗をしない考え方を持ちながら、歩みを進めてください。

Piece to Peaceという社名は、小さなかけら（＝Piece）が集まることで、世の中をより良くしていく。それが、大きな平和、ひいては世の中のインパクト（＝Peace）につながっていくという想いで名付けました。

せっかくたくさんの人を集めて、時間をかけて、お金を使ってビジネスをするのなら、世の中を良い方向に動かしたほうがいいに決まっています。

挑戦を成功させる鍵は、3つあります。

1つ目は、正しい目標設定です。

挑戦というからには、小さい挑戦であっても、大きい挑戦であっても、その個人もしくは法人にとって少し高めの目標であるべきです。

個人的には「めいっぱい努力して、いろいろな人に協力を仰いで、その結果達成できる確率が50％程度」の挑戦が、面白く、かつ、個人の成長を飛躍させてくれるものだと実感しています。この辺りは個人差もあるでしょう。

2つ目は、100％やり切ること、徹底して努力することです。

高い目標を掲げれば、当然、達成できないこともあるでしょう。

その要因が、「100％努力しなかったから」だと、本質的な要因が探れず、次回に生かせません。

また、やり切れなかったことで、「あのとき、めいっぱい頑張っておけば……」という気持ちを後々まで引きずります。

3つ目は、リスクの見える化と、そのリスクヘッジです。

挑戦するからには、失敗もあるでしょう。

「想定していない失敗もあるかもしれない」と思うと、とても怖いものです。

どんな失敗があり得るのかをあらかじめ想定して、「どこまでの失敗であれば許容できるのか」を決めておきます。また「致命的な失敗」だけは避けるように準備しておくと、安心して挑戦できます。

きっかけは何でもいいのです。各社・各人にとっての挑戦が、やがて大きなムーブメントとなって、世の中を変えていきます。

いま、日本は変わろうとしています。これは、チャンスです。あなたにとっての挑戦の第一歩を、一緒に踏み出してみませんか。

2023年11月

株式会社Piece to Peace　大澤 亮

読者特典

有効な施策の
組み合わせリスト

本書をお読みいただき、ありがとうございます。

プロ人材や外注を活用する際重要になるのが、施策の組み合わせです。

より実践的にノウハウを活用できるよう、本書をご購入いただいた方限定で、マーケティング、法人営業、採用の3つに分けて、有効な施策の組み合わせリストをご用意しました。

下記のQRコードまたはURLより、ダウンロードをお願いします。

https://carryme.jp/agent/knowledge2_20231127_book-present

※ 特典は予告なく内容を変更、終了する場合があります。

［著者略歴］
大澤 亮（おおさわ・りょう）
1996年に新卒で三菱商事株式会社に入社、タンザニア駐在経験（ODA担当）を経て、帰国。退職後、1999年に慶應義塾大学大学院（経営管理研究科修士課程）に入学と同時に起業。在学中に、日本初の証券会社比較サイトを創業し米国企業に売却、またEC事業を設立しサイバーエージェント社に売却。
その後、株式会社ドリームインキュベータに入社し、大手企業とベンチャー企業両方の経営コンサルティング、ベンチャー企業投資も担当。退職後、株式会社土屋鞄製造所に取締役兼COOとして入社し、2年間で売上・経常利益ともに2倍以上にして退職。
2009年株式会社Piece to Peaceを創業し、2016年6月にプロ人材で企業の課題を解決する「キャリーミー」をローンチ。
著書に『世界をよくする仕事で稼ぐ』（ダイヤモンド社）がある。アカデミーヒルズ（六本木）等での講演多数。

「プロ」に外注《がいちゅう》
売上最大化《うりあげさいだいか》、リスク最小化《さいしょうか》の新常識《しんじょうしき》
2023年12月21日　初版発行

著　者　　大澤 亮

発行者　　小早川幸一郎

発　行　　株式会社クロスメディア・パブリッシング
〒151-0051 東京都渋谷区千駄ヶ谷4-20-3 東栄神宮外苑ビル
https://www.cm-publishing.co.jp
◎本の内容に関するお問い合わせ先：TEL（03）5413-3140／FAX（03）5413-3141

発　売　　株式会社インプレス
〒101-0051 東京都千代田区神田神保町一丁目105番地
◎乱丁本・落丁本などのお問い合わせ先：FAX（03）6837-5023
service@impress.co.jp
※古書店で購入されたものについてはお取り替えできません

印刷・製本　　株式会社シナノ

　ISBN978-4-295-40914-4　C2034